AF666534

Rauch

Kooperative Führung

Kooperative Führung

Neue Denkansätze zum Wesen der Kooperativen Führung für Führungskräfte zur erfolgreichen Gestaltung des Führungsalltages

von

Jürgen Rauch

Hochschule des Bundes für öffentliche Verwaltung
– Fachbereich Bundespolizei –
Lübeck

Bibliografische Information der Deutschen Nationalbibliothek
Die Deutsche Nationalbibliothek verzeichnet diese Publikation in der Deutschen Nationalbibliografie; detaillierte bibliografische Daten sind im Internet über http://dnb.ddb.de abrufbar.

© Copyright 2016 by Kommunal- und Schul-Verlag GmbH & Co. KG · Wiesbaden
Alle Rechte vorbehalten · Printed in Germany
Satz: Kumpernatz & Bromann · Schenefeld b. Hamburg
Druck: Kessler Druck + Medien · Bobingen

ISBN 978-3-8293-1261-5

Vorwort

Die gesellschaftlichen, politischen und sozialen Veränderungen der letzten Jahre, die sowohl im nationalen als auch vor dem Hintergrund der Globalisierung im internationalen Bereich eine bisher nicht gekannte Dynamik entfalten, erschüttern in einem zunehmenden Maße die bisher bekannten Orientierungsmuster in allen gesellschaftlichen Dimensionen.

Die rasante technologische Entwicklung, die globalen Herausforderungen hinsichtlich der internationalen Krisengebiete, des Klimawandels, der zunehmend ungleichen Verteilung der ökonomischen Ressourcen und die sich daraus ergebenden Migrationsströme werden in Zukunft politische Antworten und Maßnahmen erfordern, die mit herkömmlichen Denkweisen und Handlungsoptionen wahrscheinlich nicht mehr gelöst werden können.

Diese Herausforderungen werden auf politischen und wirtschaftlichen Handlungsfeldern die Frage aufwerfen, wie die verantwortlichen Führungskräfte mit den Erwartungshaltungen von Menschen umgehen werden, um diese zu erfüllen. Dabei wird sich zunehmend die Grundfrage stellen, ob man mit den bisherigen Führungs- und Problemlösungsstrategien den beschriebenen dynamischen Entwicklungen gerecht werden kann.

In diesem Buch werden ausdrücklich keine neuen Führungsstrategien oder Führungsmodelle entwickelt werden, sondern vielmehr die Frage in den Vordergrund gestellt, ob die Grundlagen der Kooperativen Führung für Führungskräfte ausreichen, um die heutigen und zukünftigen Herausforderungen bewältigen zu können. Dabei wird es unerlässlich sein, das Gedankenmodell der Kooperativen Führung dahingehend einer kritischen Betrachtung zu unterziehen, ob dieses noch als geeigneter Orientierungsrahmen für Führungskräfte bei der Bewältigung von neuen dynamischen Problemstellungen dienen kann.

Die Thematik der Kooperativen Führung bezieht sich in den nachfolgenden Ausführungen auf den polizeilichen Führungsbereich in Deutschland, da in den wesentlichen Führungs- und Einsatzgrundsätzen der Polizeidienstvorschrift 100 für alle polizeilichen Führungskräfte die Grundsätze der Kooperativen Führung als verbindlicher Rahmen für das Führungshandeln vorgegeben sind. Nach Meinung des Verfassers lohnt sich bei der Frage nach dem Wesen der Kooperativen Führung jedoch ein weiter Blick über den polizeilichen Bereich hinaus, der auch andere Behörden, öffentliche Institutionen und betriebswirtschaftliche Grundlagen im wirtschaftlichen Bereich umfassen sollte. Dabei wird es interessant sein, die Begriffe Führung und Management einer genaueren Betrachtung zu unterziehen.

Neben der Erörterung, ob die Grundlagen der Kooperativen Führung den zukünftig zu erwartenden Anforderungen im polizeilichen Führungsbereich hinsichtlich der Erwartungshaltung von Vorgesetzten, Mitarbeitern, Politik und Öffentlichkeit eine tragfähiges Fundament bieten, muss sich auch der Frage zugewandt werden, ob die Komplexität des Führungsalltag grundsätzlich ein besonderes Handlungsfeld darstellt.

Neben den bereits aufgeführten fundamentalen Veränderungsprozessen der letzten Jahre ist insbesondere die Tatsache zu berücksichtigen, dass seit der Einführung des Kooperativen Führungssystems in die Polizeidienstvorschrift 100 im Jahr 1974 mehr als 40 Jahre vergangen sind. Die in diesem Zeitraum erfolgten gesellschaftlichen Entwicklungen haben maßgeblichen Einfluss auf die deutsche Polizei als Organisation und die Verhaltensweisen von Vorgesetzten und Mitarbeitern genommen. In diesem Zusammenhang stellt sich die Frage, ob die Grundlagen der Kooperativen Führung in ihrer strategischen Ausrichtung auch zum jetzigen Zeitpunkt noch ihre Berechtigung besitzen.

Die Diskussion über die Modifizierung des KFS findet zur Zeit statt, wobei auch in diesem Zusammenhang die grundsätzliche Fragestellung diskutiert werden muss, ob über die strategische Ausrichtung der Kooperativen Führung neu nachgedacht werden sollte.

Letztendlich soll in diesem Buch der Versuch unternommen werden, eine Antwort darauf zu geben, ob die Grundausrichtung der Kooperativen Führung in ihrem Wesensgehalt polizeilichen Führungskräften dazu dienen kann, sowohl der Komplexität des Führungsalltages als auch den neuen gesellschaftlichen Herausforderungen gerecht zu werden.

Wahrscheinlich wird es hierauf keine abschließende Antwort geben können, wobei aus Sicht des Verfassers schon ein großer Erfolg gegeben wäre, wenn Führungskräfte innerhalb und außerhalb der Polizei in der gedanklichen Auseinandersetzung mit dieser Thematik zu einer grundsätzlichen Diskussion angeregt werden könnten.

Jürgen Rauch — Lübeck, im April 2016

Inhaltsverzeichnis

Abkürzungsverzeichnis

BGM	= Behördliches Gesundheitsmanagement
BGS	= Bundesgrenzschutz
BMI	= Bundesministerium des Innern
BPOL	= Bundespolizei
DHPOL	= Deutsche Hochschule der Polizei
HS Bund	= Hochschule des Bundes
IMK	= Ständige Konferenz der Innenminister und - senatoren
KFS	= Kooperatives Führungssystem
PDV 100	= Polizeidienstvorschrift 100
PEK	= Personalentwicklungskonzept
PEP	= Planungs- und Entscheidungsprozess

Literaturverzeichnis

Altmann R. / Berndt, G., Grundriss der Führungslehre, 3. Auflage, Lübeck 1992

Barthel, C. / Christe-Zeyse, J. / Heidemann, D., Professionelle Führung in der Polizei, Frankfurt 2006

Barthel, C. / Heidemann, D. (Hrsg.), KFS? KFS 2.0! – Eine Neuorientierung des polizeilichen Führungsdiskurses, Schriftenreihe der Deutschen Hochschule der Polizei, Münster-Hiltrup 2013

Beerlage, Irmtraud u.a., Hochschule Magdeburg-Stendal, Forschungsprojekt Organisationsprofile, Gesundheit und Engagement in Einsatzorganisationen, Magdeburg 2009

Christe-Zeyse, J., Veränderungen in der Arbeitssituation von Führungskräften und ihre Auswirkungen auf das Führungsverhalten, Vortrag im Rahmen des FL-Netzwerkes der Dozentinnen und Dozenten für Führungslehre des Bundes und der Länder, Lüchow 2015

Bundespolizeipräsidium, Referat 83, Rahmendienstvereinbarung zum Behördlichen Gesundheitsmanagement in der Bundespolizei (BGM), Potsdam, April 2013

Jaggi, Ferdinand, Burnout – praxisnah, Stuttgart 2008

Laufer, Hartmut, Grundlagen erfolgreicher Mitarbeiterführung, Offenbach, 2005

Maxwell, John, Leadership, Gießen 2002

Neuberger, Oswald, Führen und Führen lassen, 6. Auflage, Stuttgart 2002

Pelz, Waldemar, Kompetent führen, Wiesbaden 2004

Polizeidienstvorschrift 100, Führung und Einsatz der Polizei, Ausgabe 2012

Rauch, Jürgen, Modulwissen Führungslehre, 1. Auflage, Wiesbaden 2015

Rosenstiel, Lutz von, Führung von Mitarbeitern, 5. Auflage, Stuttgart 2003

Schüttelkopf, Elke, Lernen aus Fehlern, Freiburg 2013

Sprenger, Reinhard, Radikal führen, Frankfurt 2012

Strietzel, Olaf, Wissenstest Polizeiliche Führungslehre, 1. Auflage, Lübeck 2010

Uhlendorff, Wolfgang / Jäger, Michael, Führung in der Polizei, 5. Auflage, Stuttgart 2011

Waldmann, Simone, Kooperative Führung in der Polizei, 1. Auflage, Hamburg 2007

Watzlawick, Paul, Menschliche Kommunikation, 12. Auflage, Bern 2011

Wiswede, Günter, Soziologie, 2. Auflage, Landsberg a.L., 1991

Wunderer, Rolf, Führung und Zusammenarbeit, 8. Auflage, Köln 2009

1 Das Wesen der Kooperativen Führung

„Das Wesen der Dinge versteckt sich gern!“
(Heraklit von Ephesos,
etwa 540-480 v. Chr.)

Wenn gesellschaftliche und politische Entwicklungen bisherige Denk- und Verhaltensmuster in Frage stellen, ergeben sich zwangsläufig auch Zweifel an den bestehenden Orientierungspunkten, an denen man sich mit bewährten Handlungsmustern ausrichten konnte.
Aus der Gesamtsituation heraus ergibt sich die Grundfrage, ob in einer möglichen Neuausrichtung von zeitgemäßen Handlungsoptionen hinsichtlich der zu lösenden Problemstellungen auch ein Nachdenken über bisher bewährte Handlungsgrundlagen und -orientierungen erfolgen muss.
Für den Bereich der Kooperativen Führung stellt sich in diesem Zusammenhang die Frage, ob die Zielausrichtung und die sich daraus ergebenden Handlungsoptionen modifiziert oder sogar grundlegend verändert werden müssen. Vor diesem Hintergrund ist zunächst zu klären, welche Zielrichtung der Begriff der Kooperativen Führung bisher beschrieben hat. Man könnte auch sagen, wie ist das Wesen der Kooperativen Führung zu beschreiben und zu definieren.

1.1 Der Begriff des Wesens

Den Begriff „Wesen“ könnte man aus der philosophischen Perspektive als die Essenz, die Substanz, das Kernstück oder den Grundgedanken einer Sache ansehen. Das Wesentliche bezeichnet und beschreibt also die nicht wegzudenkende innere Kernidee, wodurch die Grundlagen einer Sache oder eines Gedankenmodells sichtbar werden und durch einen spezifischen Wiedererkennungswert einen Orientierungsrahmen entfalten können.
Dieser Wesensbegriff kann jedoch auch die Persönlichkeit eines Menschen beschreiben, da die individuellen Verhaltensweisen und Wertvorstellungen letztendlich auch die Einzigartigkeit jedes einzelnen Menschen bestimmen.

Im weiteren Verlauf der Erörterungen werden wir auch den Zusammenhang zwischen den Grundgedanken der Kooperativen Führung und den individuellen Wesenseigenschaften von Menschen betrachten müssen, um uns über die zwangsläufigen Wechselwirkungen bewusst zu werden.
Wenn man vor diesem Hintergrund das Wesen der Kooperativen Führung beschreiben soll, könnte man die Begriffe „Kooperation" und „Führung" einer allgemeingültigen Definition zuführen und diese anschließend in Verbindung zueinander setzen. Dieser Versuch einer Definition wird im weiteren Verlauf der Betrachtungen unternommen werden, jedoch stellt sich an dieser Stelle die Frage, ob eine Definition ausreicht, um das Wesen der Kooperativen Führung umfassend zu deuten. Daraus ergibt sich in einer detaillierten Analyse eine weitere Betrachtungsperspektive für Führungskräfte, in welchem Orientierungsrahmen sie dem Wesen der Kooperativen Führung entsprechen können.

Walter Gropius (1883 – 1969, Architekt und Gründer des Bauhauses) prägte folgende Grundaussage zum Wesen der Dinge:

„Ein Ding ist bestimmt durch sein Wesen. Um es so zu gestalten, dass es richtig funktioniert, muss sein Wesen zuerst erforscht werden; denn es soll seinem Zweck vollendet dienen, das heißt, seine Funktion praktisch erfüllen."

Wenn man diese Aussage, die sich auf den Entwurf und die Errichtung von Bauwerken bezieht, auf den Bereich der Kooperativen Führung überträgt, so muss durch die Beschreibung des Kerngedankens des kooperativen Führungshandelns die Zielrichtung für Führungskräfte erkennbar sein.
In zahlreichen Gesprächen mit Führungskräften innerhalb und außerhalb der Polizei hat sich beim Verfasser der Eindruck gefestigt, dass sich hinsichtlich der allgemeingültigen Ausrichtung auf den Kerngedanken der Kooperativen Führung im Führungsalltag verschiedene Problembereiche beschreiben lassen.

Wie bereits erwähnt stellte schon Heraklit fest, dass sich das Wesen der Dinge gerne versteckt. Diese Tatsache kann man im Führungsalltag auf verschiedene Ursachen zurückführen.
Da wäre zunächst einmal der Umstand zu beachten, dass durch verschiedene Erwartungshaltungen von Vorgesetzten und Mitarbeitern

die Führungskraft in einem ständigen Spannungsverhältnis zwischen Rollenerwartungen und dem eigenen Rollenverständnis steht. Die sich daraus ergebenden Rollenkonflikte verengen den Blick im Führungsalltag vor dem Hintergrund der Zielerfüllung der Kooperativen Führung.
Je mehr man einer Erwartungshaltung entspricht, umso größer wird die Gefahr, dass man einer anderen Erwartungshaltung nicht mehr gerecht werden kann. Dieses Dilemma ist im Rahmen der Repräsentation des eigenen Dienstbereiches dem Führungsalltag immanent, jedoch kommt es entscheidend darauf an, die verschiedenen Dimensionen der Kooperativen Führung im alltäglichen Führungshandeln in einem Gleichgewicht zu halten. Eine Führungskraft, die diese Erkenntnis nicht beachtet, wird zwangsläufig dem Wesen der Kooperativen Führung nicht gerecht werden können.

Ein weiterer Grund kann könnte auf das fehlende Verständnis von Führungskräften für die Grundlagen der Kooperativen Führung zurückzuführen sein. Entweder wird sich ausschließlich auf die Vorgaben der Polizeidienstvorschrift 100 mit den darin aufgeführten Führungsgrundsätzen berufen oder prinzipiell geeignete Führungsmodelle oder Führungsoptionen werden nicht adressaten- bzw. situationsgerecht angewandt. In beiden Fällen werden die motivierenden und konfliktmindernden Wirkungen der Kooperativen Führung nicht erreicht, weil Führungskräfte nicht in der Lage sind, deren Schwerpunkte wirkungsvoll umzusetzen.

Weiterhin muss die Tatsache beachtet werden, dass durch die gesellschaftlichen und politischen Entwicklungen der vergangenen Jahrzehnte der polizeiliche Alltag immer komplexer geworden ist. Lösungsansätze, die vor mehr als 40 Jahren mit Einführung des Kooperativen Führungssystems einen tragfähigen Orientierungsrahmen mit den dazu passenden Führungsoptionen geboten haben, müssen dahingehend überprüft werden, ob sie den komplexen Herausforderungen im heutigen Führungsalltag noch standhalten können. Die von *Barthel/Heidemann* angestoßene Diskussion über eine Neuorientierung des polizeilichen Führungsdiskurses im Bereich des Kooperativen Führungssystems zeigt auf, dass in diesem Bereich grundlegende Überlegungen hinsichtlich eines notwendigen Handlungsbedarfes durchgeführt werden müssen.

Das bisherige Aufzeigen von möglichen Ursachen, warum das Wesen der Kooperativen Führung sich versteckt, nicht erkannt oder nicht umgesetzt wird, ist nicht als abschließend anzusehen. Es wird jedoch deutlich, dass sich die Betrachtung des Wesens der Kooperativen Führung nicht in Definitionen und sich daraus ergebender Führungsmodelle und -optionen erschöpfen darf. Vielmehr sind die Grundlagen des kooperativen Führungshandelns umfassend zu beschreiben, um Führungskräften die Möglichkeit zu eröffnen, dem heutigen und zukünftigen komplexen Polizeialltag in ihrer Führungsverantwortung gerecht werden zu können.

1.2 Der Begriff der Kooperation

Wie bereits ausgeführt wird uns die Definition der Kooperativen Führung keine umfassende Antwort hinsichtlich deren Wesens geben können, jedoch ermöglicht diese eine Annäherung an die grundsätzliche Ausrichtung des kooperativen Führungshandelns.
Eine Möglichkeit, den Begriff „Kooperation“ (*lat. cooperatio – Zusammenwirkung/Mitwirkung)* zu definieren, könnte durch folgenden Wortlaut dargestellt werden:

„Kooperation ist das zweckgerichtete Zusammenwirken von Handlungen zweier oder mehrerer Personen oder Systemen, um durch Arbeitsteilung ein gemeinsames Ziel zu erreichen.“

Im Sinne der Kooperativen Führung ist jedoch auch der Begriff der Partizipation (*lat. Teilhabe, Teilnahme*) zu beachten, da im Führungsprozess als Ausdruck des kooperativen Denkens die Führungsfunktionen Zielbildung, Entscheidungsplanung und Durchführungsplanung gemeinsam durch Führungskräfte und Mitarbeiter gestaltet werden sollen.
Wenn Führungskräfte den Kooperationsbegriff dahingehend auslegen, dass die Arbeitsteilung in einem hierarchischen Grundverständnis erfolgt, so werden hinsichtlich der beabsichtigten motivierenden und konfliktvorbeugenden Wirkung keine optimalen Ergebnisse erzielt werden können.

Wenn wir in diesem Zusammenhang der Aussage des Dalai Lama vertrauen können, wonach wir im menschlichen Zusammenwirken für unsere Probleme keine Lösung finden werden, wenn wir nicht auf gleicher Ebene zusammenarbeiten, dann wird an dieser Stelle eine Grundaussage der Kooperativen Führung sichtbar.

Wenn wir uns im Folgenden der Wechselwirkung zwischen der optimalen Aufgabenerfüllung und den humanen Arbeits- und Sozialbeziehungen zuwenden, sollte man sich immer an die Bedeutung der Kooperation und Partizipation in diesem Zusammenhang erinnern. Wenn man als Führungskraft die Bedeutung der Kooperation als wesentlichen Bestandteil des Führungsaspektes verinnerlicht, wird dies die gewünschten positiven Folgewirkungen in der Zusammenarbeit zwischen Vorgesetzten und Mitarbeitern sicherstellen.

Zusammenfassend bleibt festzuhalten, dass die Kooperation zwischen Führungskräften und Mitarbeitern als wesentliches Merkmal im Rahmen der Kooperativen Führung dazu dienen soll, die Organisationsziele, den Organisationszusammenhalt und die humanen Arbeits- und Sozialbeziehungen zu gewährleisten.

1.3 Der Begriff der Führung

Dem Begriff der „Führung“ könnte man sich aus verschiedenen Richtungen annähern, wobei man aus der Sicht des Führungsalltages bei der Bundespolizei zwei grundlegende Definitionen darstellen kann.

In der Polizeidienstvorschrift 100 (Nr. 1.5.3.1) werden folgende Grundsätze des Kooperativen Führungssystems (KFS) dargestellt:

„Führung dient dem gemeinsamen Erreichen von Zielen. Durch kooperatives Führen sollen Leistung, Arbeitszufriedenheit und Motivation erreicht werden.
Das Kooperative Führungssystem (KFS) mit seinen Elementen Delegation, Beteiligung, Transparenz, Repräsentation, Kontrolle und Leistungsfeststellung und -bewertung ist eine verbindliche Führungskonzeption, in der sich aufgaben- und mitarbeiterbezogenes Führungsverhalten ergänzen.“

Durch die in der PDV 100 festgelegten Grundaussagen werden verschiedene Aspekte der Kooperativen Führung beschrieben, die als allgemeine Orientierung für das Führungshandeln herangezogen werden sollten. Das Erreichen von gemeinsamen Zielen, die Gewährleistung von Arbeitszufriedenheit und die motivierende Wirkung der Kooperation stellen zweifellos einen abstrakten Orientierungsrahmen dar, der nach Meinung des Verfassers jedoch nur einen Teil des Wesens der Kooperativen Führung beschreibt.

Im Rahmen des Kooperativen Führungssystems werden als Handlungsoptionen die beschriebenen Elemente wie Transparenz, Delegation, Beteiligung, Repräsentation, Kontrolle und Leistungsfeststellung bzw. -bewertung vorgegeben, um Führungskräfte in die Lage zu versetzen, die vorgegebenen Ziele zu erreichen.
Dieser Automatismus, wonach durch die konsequente Anwendung der Elemente des KFS der Führungserfolg hinsichtlich der Zielerreichung der Kooperativen Führung sichergestellt werden kann, wird durch *Barthel / Heidemann* in ihrem Vorschlag zu einer zeitgemäßen Neuformulierung des Kooperativen Führungssystems kritisch hinterfragt.
Vor diesem Hintergrund gilt es zu prüfen, ob mit der Festlegung des KFS in der PDV 100 im Jahr 1974 der Wesensgehalt der Kooperativen Führung schon umfassend beschrieben wurde oder aufgrund der gesellschaftlichen Entwicklungen und Veränderungen innerhalb und außerhalb der Polizei die Komplexität des Polizeialltages ein Überdenken der Grundausrichtung der Kooperativen Führung erfordert.
Barthel/Heidemann vertreten die Ansicht, dass das Kooperative Führungssystem nach *Altmann/Berndt* normativ einen sehr hohen Anspruch stellt, aber für die Herausforderungen des heutigen und zukünftigen Führungsalltages als praktisch-instrumentelle Handlungsorientierung wenig brauchbar ist.

Aus dieser Betrachtung heraus stellt sich die Frage, ob durch das KFS und die grundlegenden schriftlichen Festlegungen in der PDV 100 die grundsätzliche Orientierung mit möglichen sich daraus ergebenden Handlungsoptionen für Führungskräfte so erkennbar und nachvollziehbar ist, dass dem Wesen der kooperativen Führung entsprochen werden kann.

Der alleinige Verweis auf Definitionen hinsichtlich der Ziele der Kooperativen Führung und der sich aus dem KFS ergebenden Handlungsanweisungen in Form der KFS-Elemente wird nicht aus-

reichen, um den Erwartungshaltungen von Vorgesetzten und Mitarbeitern an Führungskräfte zu genügen.
Aufgrund der unterschiedlichen Rollenerwartungen an Führungskräfte muss sich das Wesen der Kooperativen Führung über normative Festlegungen hinaus in der Fähigkeit ausdrücken, in komplexen Führungssituationen dem eigenen Rollenverständnis vom kooperativen Führungshandeln zu entsprechen.
Dies stellt für Führungskräfte eine große Herausforderung dar, die letztendlich nur gemeistert werden kann, wenn das Wesen der Kooperativen Führung erfasst und im alltäglichen Führungshandeln umgesetzt wird.
Aus diesem Grund erscheint es hilfreich, sich zunächst einer weiteren Definition der Kooperativen Führung zuzuwenden.

1.3.1 Begriff der Kooperativen Führung

Für den Bereich der Bundespolizei wird die Kooperative Führung wie folgt definiert:

Kooperative Führung ist

(1) die zielorientierte soziale Einflussnahme zur Erfüllung gemeinsamer Aufgaben
(2) in einer strukturierten Arbeitssituation
(3) unter wechselseitiger tendenziell symmetrischer Einflussausübung
(4) bei konsensfähiger Gestaltung der Arbeits- und Sozialbeziehungen

Im Vergleich zur Definition des Begriffes „Führung" in der PDV 100 ist ersichtlich, dass diese Definition einen umfassenderen Ansatz für die Beschreibung des kooperativen Führungshandelns darstellt. Ob diese Definition gleichzeitig umfassend das Wesen der kooperativen Führung in der Substanz und den Wirkungen beschreibt, wird in den Folgebetrachtungen näher zu untersuchen sein.

Es bleibt jedoch festzuhalten, dass aus dieser Definition folgende **Grundbedingungen** für eine erfolgreiche Umsetzung der Kooperativen Führung abgeleitet werden können:

- Die Grundlage für ein erfolgreiches Führungshandeln setzt sich aus einer tragfähigen **Vertrauensbasis** zwischen Vorgesetzten und Mitarbeitern und einem ausgeprägten **Kommunikationsverhalten** von Führungskräften zusammen.
- Nur die Führungskräfte, die auf der Basis eines **positiven Menschenbildes** ihren Mitarbeitern auf gleicher Kommunikationsebene begegnen, können ihnen vertrauensvoll und kooperativ gegenübertreten.
- Die **erfolgreiche Kooperation** zwischen Vorgesetzten und Mitarbeitern kann nur dann gelingen, wenn beide Seiten hierzu motiviert und bereit sind.

Diese Grundbedingungen sollen Führungskräfte in die Lage versetzen, folgende Ziele der Kooperativen Führung zu erreichen:

- Optimale Erfüllung der gesetzlichen Ausgaben
- Gewährleistung des Organisationszusammenhaltes
- Gestaltung humaner Arbeits- und Sozialbeziehungen

Diese Zielbeschreibung kann man sicherlich einer intensiven Betrachtung hinsichtlich einer qualitativen oder quantitativen Modifizierung unterziehen, wobei die Erfahrung des Verfassers aus der bisherigen Führungs- und Lehrtätigkeit zeigt, dass dieser Orientierungsrahmen eine gute Grundlage für ein erfolgreiches Führungshandeln bietet.
Es ist jedoch notwendig, dass sich Führungskräfte über die wesentlichen Grundideen dieser Zielfelder bewusst sind, um diese erfolgreich im kooperativen Sinne im Führungsalltag umsetzen zu können. Aus diesem Grund erscheint es sinnvoll, sich mit diesen Zielfeldern in einer Einzelbetrachtung zu befassen.

Optimale Erfüllung der gesetzlichen Aufgaben

In diesem Zielfeld wird die Erwartungshaltung an Führungskräfte beschrieben, für ihren jeweiligen Verantwortungs- und Organisationsbereich sicherzustellen, dass ihre Mitarbeiter und sie selbst den Anforderungen in der präventiven und repressiven Aufgabenerfüllung gerecht werden. Dies wird dann erkennbar, wenn es der Führungskraft gelingt, durch einen zielorientierten Führungsprozess

und der Schaffung der passenden organisatorischen Rahmenbedingungen diesen Anforderungen zu entsprechen.
Im kooperativen Sinne ist dabei gleichzeitig darauf zu achten, dass im Rahmen der Führungsgrundsätze der PDV 100 die Mitarbeiter dazu bewegt werden, sich eigeninitiativ und fachkompetent an diesem gemeinsamen Führungsprozess zu beteiligen.

Gewährleistung des Organisationszusammenhaltes

In diesem Zielfeld fällt der Führungskraft die Aufgabe zu, durch die adressaten- und situationsgerechte soziale Einflussnahme auf die Mitarbeiter den Team- und Gemeinschaftsgedanken im verantwortlichen Organisationsbereich so zu gestalten, dass die gemeinsame Zielerreichung in den Vordergrund gestellt wird. Jeder Konflikt zwischen Mitarbeitern bzw. zwischen Mitarbeitern und Führungskräften gefährdet diesen notwendigen Teamgeist im kooperativen Sinne und ist einer effektiven gemeinsamen Zielerfüllung abträglich.
Aus diesem Grund entspricht es dem Wesen der Kooperativen Führung, dass Führungskräfte ihren Schwerpunkt im Führungshandeln in diesem Zielfeld auf eine professionelle Konfliktvorbeugung und Konflikthandhabung legen.

Gestaltung humaner Arbeits- und Sozialbeziehungen

In diesem Zielbereich fällt der Führungskraft die Aufgabe zu, den Arbeitsalltag für die Mitarbeiter so zu gestalten, dass die erforderliche Berufs- und Arbeitszufriedenheit gewährleistet wird. Nur so wird die für die Umsetzung der Kooperativen Führung notwendige Vertrauensbasis geschaffen, in der auch in schwierigen Führungssituationen die gemeinsame Aufgabenerfüllung erfolgreich gestaltet werden kann.

An dieser Stelle muss darauf hingewiesen werden, dass von einer grundsätzlichen Gleichrangigkeit der beschriebenen Ziele der Kooperativen Führung auszugehen ist, da diese nachvollziehbar in einer ständigen Wechselwirkung zueinander stehen. Dieses Zusammenwirken ist ein weiterer elementarer Bestandteil der Kooperativen Führung und sollte im Führungshandeln immer die entsprechende Berücksichtigung finden.

Ob mit diesen Zielbeschreibungen umfassend die grundsätzliche Ausrichtung der Kooperativen Führung beschrieben werden kann,

unterliegt der individuellen Betrachtung der Führungskraft und wird nur schwer allgemeingültig darzustellen sein.
Als *Altmann/Berndt* bei Einführung des KFS dessen Zielrichtung beschrieben, verwiesen sie auf die Überwindung des autoritären Führungsgedankens, die Gewährleistung der optimalen Aufgabenerfüllung und die Gestaltung einer menschenwürdigen Arbeitswelt.

Die Gewährleistung des Organisationszusammenhaltes wurde zu dieser Zeit nicht als Zielbereich der Kooperativen Führung erwähnt. Dies ist aber auch durch den Umstand erklärbar, dass zu dieser Zeit beispielsweise die betriebswirtschaftliche Betrachtung von polizeilichen Organisationen und Prozessen nicht die Bedeutung hatte, wie sich dies im heutigen Polizeialltag darstellt.
Wenn man die möglichen Handlungsfelder für das sogenannte KFS 2.0 nach *Barthel/Heidemann* wie „Kommunikation“, „Ausrichtung (Ziele, Strategie)“, „Organisation“ und „Personal“ als Grundlage eines Orientierungsrahmens für die Umsetzung des kooperativen Führungshandelns darstellt, wird sich auch in den Zielbeschreibungen für das Wesen der Kooperativen Führung möglicherweise die Notwendigkeit einer differenzierten Betrachtung ergeben.

Führung wird immer in der konkreten Ausgestaltung und Handhabung durch die sich wandelnden gesellschaftlichen Bedingungen beeinflusst werden, wodurch die Veränderung von Einstellungen, Orientierungen und Normen in der gesellschaftlichen Entwicklung gleichzeitig die Führung von Menschen einem stetigen Wandel unterwirft.

In diesem Zusammenhang stellt sich die Frage, ob die Kerngedanken bzw. die Grundausrichtung der Kooperativen Führung aufgrund gesellschaftlicher Entwicklungen ebenfalls einem Wandel unterliegen oder ob sie einen beständigen Orientierungsrahmen bieten können.

1.3.2 Dimensionen der Kooperativen Führung

Aufgrund der bisherigen Erkenntnisse können wir davon ausgehen, dass durch die Beschreibung bzw. Definition von Zielbereichen oder Handlungsfeldern ein Aspekt der Kooperativen Führung erkennbar wird und sicherlich als Orientierungsrahmen für das kooperative Führungshandeln dienen kann.

Jedoch muss man kritisch hinterfragen, ob diese Erkenntnisse ausreichen, das Wesen der Kooperativen Führung umfassend zu erkennen. Wie bereits dargestellt können gesellschaftliche Veränderungen auch zu einem Wandel in der Grundausrichtung der Kooperativen Führung führen. Daraus ergibt sich wiederum die Frage, ob sich durch einen solchen Wandel auch eine Veränderung des Kerninhaltes der Kooperativen Führung ergeben kann. Dies erscheint problematisch, da das Wesen der Kooperativen Führung einen beständigen Orientierungsrahmen für die Kooperation zwischen den Führungskräften und Mitarbeitern bieten soll. Wenn die Grundausrichtung des kooperativen Führungsgedankens verändert wird, hat ein solcher Vorgang auch einen Wandel für das konkrete Führungshandeln zur Folge.

Weiterhin sollte die Tatsache beachtet werden, dass nicht Ziele, sondern Wege die Menschen zusammenführen. Die Ziele können unstreitig als Orientierung dienen, im Führungsalltag müssen jedoch die Führungskräfte durch ein kooperatives Führungsverhalten die Wege im Rahmen des Führungsprozesses aufzeigen, wie Ziele erreicht werden können. Hieraus könnte man nach Meinung des Verfassers folgenden Grundsatz formulieren:

„Das Wesen der Kooperativen Führung wird mehr durch das Aufzeigen der Wege zur Zielerreichung im konkreten Führungshandeln geprägt als durch das alleinige Aufzeigen von Zielen!“

Als eine Möglichkeit für die Beschreibung von möglichen Handlungsoptionen im Führungsalltag zur Gewährleistung der Zielerreichung können die Dimensionen der Kooperativen Führung herangezogen werden. Diese Dimensionen orientieren sich an der bereits dargestellten Definition der Kooperativen Führung, wie sie in der Ausbildung für Führungskräfte in der Bundespolizei im Rahmen der Führungslehre vermittelt wird.

Die Kenntnis dieser Handlungsfelder im Bereich der Kooperativen Führung sollen Führungskräfte in die Lage versetzen, im Führungsprozess die Wege zu beschreiben, wie im kooperativen Zusammenwirken die vereinbarten Ziele erreicht werden können.
Die Dimensionen der Kooperativen Führung können wie folgt dargestellt werden:

- Zielorientierte soziale Einflussnahme zur Erfüllung gemeinsamer Aufgaben
  (Ziel-/Leistungsaspekt)
- in einer strukturierten Arbeitssituation
  (Organisationsaspekt)
- unter wechselseitiger tendenziell symmetrischer Einflussausübung
  (Partizipativer Aspekt)
- bei konsensfähiger Gestaltung der Arbeits- und Sozialbeziehungen
  (Prosozialer Aspekt)

Wenn man diese Dimensionen der Kooperativen Führung als Handlungsorientierung für das konkrete Umsetzen im Führungshandeln versteht, dann ergeben sich folgende Handlungsanforderungen an Führungskräfte.

Im Bereich des **Ziel-/Leistungsaspektes** sollen durch die Beteiligung der Mitarbeiter am Führungsprozess und die Delegation von Aufgaben die Mitarbeiter dazu motiviert werden, gemeinsam im Team die vereinbarte Zielerreichung sicher zu stellen. Durch ein solches Führungsverhalten wird einer optimalen Aufgabenerfüllung und der Gewährleistung des Organisationszusammenhaltes entsprochen.

Im Rahmen der Führungsverantwortung müssen bei der Gestaltung des Führungsprozesses die strukturellen Herausforderungen des Organisationsbereiches und die sich daraus ergebende Notwendigkeit eines professionellen Konfliktmanagements die Bedeutung des **organisatorischen Aspektes** im kooperativen Führungshandeln widerspiegeln. Hierbei wird von Führungskräften auch zu verlangen sein, organisationssoziologische und betriebswirtschaftliche Kenntnisse im Führungsalltag zu berücksichtigen.

Durch das Herstellen einer gleichwertigen und interaktiven Kooperation und Kommunikation durch die Beteiligung der Mitarbeiter am Führungsprozess, der Delegation von Aufgaben und transparenten Führungsentscheidungen ist die im **partizipativen Aspekt** festgelegte Teilnahmemöglichkeit zu gewährleisten.

Durch ein solches Führungsverhalten werden der Organisationszusammenhalt und die positive Gestaltung der humanen Arbeits- und Sozialbeziehungen gefördert.

Die Gewährleistung des **prosozialen Aspektes** sollte auf einem positiven Menschenbild und der sich der daraus ergebenden Wertschätzung für die geleistete Arbeit der Mitarbeiter beruhen. Das konkrete Führungshandeln sollte dahingehend ausgerichtet werden, dass durch die Schaffung von konsensfähigen sozialen Rahmenbedingungen und durch eine ausgeprägte soziale und persönliche Führungskompetenz die Gewährleistung von humanen Arbeits- und Sozialbeziehungen sichergestellt wird.

Aus diesen Betrachtungen der Dimensionen der Kooperativen Führung ist zu ersehen, dass deren Kenntnis Führungskräfte in die Lage versetzt, aus dieser Handlungsorientierung für das eigene Führungshandeln Wegbeschreibungen abzuleiten, die zu einer erfolgreichen Umsetzung der Leitgedanken der kooperativen Führung beitragen können. Durch die Fähigkeit, Wege zur erfolgreichen Umsetzung kooperativen Führungshandelns zu beschreiben und zu entwickeln, wird es Führungskräften ermöglicht, das Wesen der kooperativen Führung zu erfassen und effektiv im Führungsalltag umzusetzen.

1.3.3 Führung und Management

Wenn man das Wesen der kooperativen Führung beschreiben will, ist es notwendig, sich mit den Begriffen Führung und Management intensiver auseinander zu setzen. Dabei geht es vor allem um die Frage, in welchem Verhältnis Führung und Management zueinander stehen.

Wenn man den Begriff „Management“ (*to manage – handhaben, fertigbringen, leiten*) mit einer eindeutigen Definition umschreiben will, dann ergeben sich in der Regel unterschiedliche Sichtweisen und Vorstellungen, die oft nicht in Übereinstimmung gebracht werden können.
Zum einen wird der Begriff des Managers im deutschsprachigen Raum – anders als in den USA – sehr oft mit den oberen Ebenen eines Unternehmens verknüpft. Daraus ergibt sich nicht nur eine

allgemeine Vorstellung über die Rolle und Funktion von Führungskräften in der Wirtschaft, sondern auch ein bestimmtes Bild, wie diese Funktionen wahrgenommen werden. Aufgrund der Erfahrungen bei der Einführung von betriebswirtschaftlichen Steuerungsprozessen im polizeilichen Bereich, wird Management von der Mehrheit der Mitarbeiter im Wesentlichen mit Tätigkeiten der Planung, der Organisation, der Ressourcenzuweisung, des Messens und der Kontrolle gleichgesetzt.

Der Begriff der Führung wird hingegen eher mit den Tätigkeiten der Kommunikation, der direkten Interaktion, der Kooperation, der direkten Anweisung, aber vor allem auch der Fürsorge des Vorgesetzten für seine Mitarbeiter verbunden.

Wenn man sich die beschriebenen Zielbereiche der Kooperativen Führung in Erinnerung ruft, so ist der Begriff des Managements eher der optimalen Aufgabenerfüllung zuzuordnen, während die Erwartungshaltung von Mitarbeitern an Führungskräfte eher im Bereich der Gewährleistung des Organisationszusammenhaltes bzw. der humanen Arbeits- und Sozialbeziehungen anzusiedeln ist.
Aus Gesprächen mit vielen polizeilichen Führungskräften des Bundes und der Bundesländer konnte der Verfasser die Erkenntnis gewinnen, dass sich an dieser Stelle ein grundsätzliches Problemfeld für Führungskräfte eröffnet, das sich in einer oberflächlichen Betrachtung zunächst in der unterschiedlichen Zielrichtung von Management und Führung im polizeilichen Bereich begründen lässt.

Aus dieser Betrachtung heraus ergibt sich auf den ersten Blick besonders in der Erwartungshaltung von Mitarbeitern ein Spannungsfeld zwischen den Tätigkeiten des Managements und der Führung. Diesen Umstand könnte man auch als Gegensatz zwischen der optimalen Aufgabenerfüllung einerseits und der Gewährleistung des Organisationszusammenhaltes bzw. der humanen Arbeits- und Sozialbeziehungen andererseits bezeichnen. In der weiteren Betrachtung ist jedoch festzustellen, dass dieser Gegensatz eher die eng miteinander verbundenen zwei Seiten einer Medaille darstellt.

Wie bereits zu Beginn dieses Kapitels festgestellt wurde, umfasst der Zielbereich der Kooperativen Führung sowohl den Bereich des Managements als auch die Führung von Mitarbeitern. Die Tatsache, dass die Beschäftigten in der Polizei dem Managementbegriff aufgrund negativer Erfahrungen eher skeptisch gegenüber stehen, ist auf den Umstand zurückzuführen, dass polizeiliche Führungskräfte den Managementgedanken in ihrem Führungshandeln überbetont haben. In der Folge ist das Gleichgewicht in der Grundausrichtung der Kooperativen Führung hinsichtlich der verschiedenen Zielbereiche aus den Fugen geraten.

Nach Sprenger liegt die Kunst des Managements in der Balance, wobei nach Meinung des Verfassers der Begriff des Managements für den polizeilichen Bereich im grundlegenden Verständnis der Kooperativen Führung weiter zu fassen ist.

Daraus ist die Folgerung abzuleiten, dass für eine erfolgreiche Umsetzung der Kooperativen Führung polizeiliche Führungskräfte deren Zielbereiche wie die optimale Aufgabenerfüllung, die Gewährleistung des Organisationszusammenhaltes und die Schaffung humaner Arbeits- und Sozialbeziehungen in Verbindung mit den Dimensionen der kooperativen Führung in einem ausgewogenen Gleichgewicht halten müssen.
Wenn es Führungskräften nicht gelingt, diese Grundlagen des kooperativen Führungsverhaltens in der notwendigen Balance zu halten, können sie in der Folge dem Wesen der Kooperativen Führung nicht entsprechen. Eine solche Entwicklung führt in der Regel zu einem massiven Vertrauens- und Autoritätsverlust, der nur schwer wieder rückgängig gemacht werden kann.
Die in diesem Zusammenhang bedeutsamen Begriffe „Führen", „Leiten" und „Managen" werden im weiteren Verlauf der schriftlichen Ausführungen noch einer näheren Betrachtung zu unterziehen sein.

1.4 Folgerung für die Umsetzung der Kooperativen Führung

Aus den bisherigen Ausführungen wird deutlich, dass man eine punktgenaue Definition, die alle Aspekte des Wesens der Kooperativen Führung umfassen soll, nur schwer formulieren kann. Vielmehr ist vor diesem Hintergrund die Aussage von Heraklit zu beachten, wonach das Wesen der Dinge sich gern versteckt und nicht sofort in allen Aspekten sichtbar und begreifbar ist.

Dies liegt nach Meinung des Verfassers vor allem in folgenden Umständen begründet:

- Seit der Einführung des Kooperativen Führungssystems in die PDV 100 als verbindliche Führungsoption für polizeiliche Führungskräfte sind über 40 Jahre vergangen. Die gesellschaftlichen und politischen Entwicklungen haben zu einer höheren Komplexität des polizeilichen Führungsalltags und zu einer differenzierten Erwartungshaltung an polizeiliche Führungskräfte sowohl innerhalb als auch außerhalb der Polizei geführt.
- Eine grundsätzliche Beschreibung der Grundausrichtung der Kooperativen Führung im gesellschaftlichen Wandel ist bisher nur ansatzweise erfolgt und sollte einem detaillierten Gedankenprozess unterworfen werden.
- Neben der Beschreibung der konkreten Zielbereiche und Handlungsfelder sollte vor dem Hintergrund der Dimensionen der Kooperativen Führung ein stärkerer Gedanken- und Meinungsaustausch in Theorie und Praxis über zielführende Wege für ein erfolgreiches und zukunftsorientiertes kooperatives Führungshandeln gefördert werden.
- Der Begriff der Kooperation muss noch deutlicher im Rahmen der indirekten Führung in der Organisations- und Führungskultur von Polizeiorganisationen hervorgehoben werden.
- Die Bedeutung des kooperativen Führungshandelns wird in der zukünftigen Entwicklung einer erfolgreichen strategischen Organisationskultur einen noch höheren Stellenwert einnehmen.

Wenn man diese Überlegungen zusammenfasst, wird deutlich, warum es für Führungskräfte eine Herausforderung darstellt, ihr individuelles Führungsverhalten so auszurichten, dass dadurch das Wesen der Kooperativen Führung für alle Beteiligten am Führungsprozess erkennbar wird und die gewünschten positiven Wirkungen im Führungsalltag erreicht werden können.
Im Folgenden soll der Versuch unternommen werden, mögliche zielführende Wege und Aspekte aufzuzeigen, wie man dem Wesen der kooperativen Führung als polizeiliche Führungskraft am wirkungsvollsten entsprechen kann.

2 Die Komplexität des Führungsalltags

„Die Dinge in der Welt sind kompliziert und werden von allen möglichen Einflussfaktoren bestimmt. Man muss die Probleme von allen Seiten betrachten und nicht nur von einer einzigen.“
(Mahatma Gandhi, 1869-1948)

Den Begriff „Komplexität“ (*lat. complexum*) kann man als die umfassende Vielschichtigkeit einer Sache umschreiben, wobei sich in fast allen Lebensbereichen der Menschen aufgrund der schon beschriebenen gesellschaftlichen Entwicklungen eine zunehmende Komplexität feststellen lässt. Diese Entwicklung wird besonders in der Arbeitswelt deutlich, bei der sich viele Menschen aufgrund oft nicht mehr überschaubarer komplexer Arbeitsprozesse und einer daraus folgenden Arbeitsverdichtung zunehmend überfordert fühlen.

Diese Entwicklung wirkt sich nicht nur auf Beschäftigte aus, sondern betrifft auch Führungskräfte, die sich in einem immer größeren Ausmaß den komplexen Herausforderungen des Führungsalltages hinsichtlich des Erreichens der Organisationsziele und der Gewährleistung der Mitarbeiterzufriedenheit stellen müssen. Vor diesem Hintergrund ist der Umstand zu beachten, dass im Zeitalter der Globalisierung die Komplexität und die Geschwindigkeit der Veränderungsprozesse in der Welt sowohl national als auch international zunehmen werden.

2.1 Einflussfaktoren der Komplexität

Wenn man die Auswirkungen der gesellschaftlichen und politischen Veränderungsprozesse auf den polizeilichen Arbeitsalltag im Innen- und Außenverhältnis der letzten 50 Jahre einer tiefer gehenden Betrachtung unterzieht, wird deutlich, dass sich die gesellschaftliche Erwartungshaltung an die polizeiliche Aufgabenerfüllung in einem demokratischen Rechtstaat aufgrund vieler neuer und komplexer Herausforderungen erhöht hat.

Die Polizeiarbeit im Binnenverhältnis wird durch eine zunehmende Einforderung von Selbstverwirklichungswerten der Beschäftigten, die Vereinbarkeit von Familie und Beruf, ein höheres Bildungsniveau der Beschäftigten und die rasante technische Entwicklung, insbesondere in der Informationstechnik, geprägt. Dieser Komplexität an Herausforderungen müssen sich Führungskräfte stellen, wobei auch in diesem Bereich das Gleichgewicht zwischen der Aufgabenerfüllung und den humanen Arbeits- und Sozialbeziehungen gewahrt bleiben sollte.

Im Außenverhältnis sind die Anforderungen und Erwartungshaltung der Öffentlichkeit an die Polizei hinsichtlich der Aufgabenbewältigung im Bereich der Prävention, der Bekämpfung der Alltagskriminalität oder neuer Kriminalitätsphänomene und neuer terroristischer Bedrohungslagen ebenfalls in der Komplexität gestiegen. Dieser komplexen Erwartungshaltung haben Führungskräfte vor dem Hintergrund knapper Ressourcen, parallel verlaufender organisatorischer Veränderungsprozessen und der Auswirkungen des demografischen Wandels im Personalbereich zu entsprechen.

Aus dieser Betrachtung heraus lässt sich ableiten, dass die erfolgreichen polizeilichen Führungskräfte in der zukünftigen Entwicklung sich dadurch auszeichnen werden, wenn sie in der Lage sind, professionell mit der Komplexität des Führungsalltages umgehen zu können. In diesem Zusammenhang ist zu überlegen, wie die Beachtung der Grundlagen der Kooperativen Führung dazu beitragen kann, dass Führungskräfte zielorientiert die Herausforderungen des Führungsalltages vor dem Hintergrund der Komplexität der inneren und äußeren Einflussfaktoren bewältigen können.

Die Komplexität des Führungsalltages zeigt sich vor allem in der Grundproblematik, dass durch die Beachtung aller denkbaren Einflussfaktoren die Entscheidungsfindung im Führungsprozess erschwert wird. Da die beschriebenen Einflussgrößen in einer ständigen Wechselwirkung zueinander stehen, sind die Wirkungen bei der Entscheidung hinsichtlich einer Einflussebene auf die jeweils anderen nur schwer abzuschätzen.

So können Personalentscheidungen sowohl positive als auch negative Wirkungen in anderen Führungsfeldern, z.B. Aufgabenerfüllung, Organisation, Strategie usw. auslösen, die in der jeweiligen Intensität gar nicht beabsichtigt waren.

Umgekehrt ist es aber auch denkbar, dass durch eine Schwerpunktsetzung auf die optimale Aufgabenerfüllung im Bereich der humanen Arbeits- und sozialen Arbeitsbeziehungen bzw. der Mitarbeiterzufriedenheit negative Auswirkungen hervorgerufen werden.

Durch die beschriebene Komplexität des Führungsalltages wird es für Führungskräfte auch in Zukunft schwierig sein, die notwendigen Führungsentscheidungen stets so zu gestalten, um eine Ausgewogenheit im Wirkungsgeflecht der Einflussfaktoren zu gewährleisten. Da sich aufgrund der aufgezeigten gesellschaftlichen Entwicklungen die Komplexität des polizeilichen Führungsalltages noch erhöhen wird, ist davon auszugehen, dass Führungskräfte die Auswirkungen und Ergebnisse ihre Entscheidungen immer schwerer prognostizieren können.
Aus diesen Gründen stellt sich die Frage, wie man im Führungsbereich im Rahmen des Führungsprozesses professionell und lösungsorientiert mir der aufgezeigten Komplexität im polizeilichen Alltag umgehen sollte.

2.2 Komplexität und Systemansatz

Wenn man die dargestellten Einflussfaktoren in ihrer Wechselwirkung im Führungsprozess einer näheren Betrachtung unterzieht, dann wird deutlich, dass Führungskräfte bei komplexen Führungssituationen die Folgen von Entscheidungen in ihrer gesamten Wirkungsbreite hinsichtlich der einzelnen Führungsfelder nur schwer abschätzen und die Ergebnisse erst zu einem späteren Zeitpunkt erkennen können.

Ein erfolgreicher Umgang mit komplexen Führungssituationen kann nur dann gelingen, wenn Führungskräfte in der Lage sind, die ganzheitliche Betrachtung von anspruchsvollen Problemstellungen in einer strukturierten Verfahrensweise so zu gestalten, dass mögliche negative Folgewirkungen in den einzelnen Führungsfeldern so gering wie möglich gehalten werden können.

Der grundlegende Denkansatz der Systemtheorie geht von der Grundannahme aus, dass die Dinge ganzheitlich betrachtet werden müssen. Daraus lässt sich für Führungskräfte ableiten, dass sie im Rahmen ihrer Führungskompetenz die Fähigkeit zum vernetzten Denken bzw. zum Denken im System besitzen müssen, um der systembedingten Komplexität der Führungsaufgaben gerecht zu werden. Nach *Uhlendorff/Jäger* haben Führungskräfte bei der ganzheitlichen Betrachtung von Problemen im Rahmen des Systemansatzes folgende Prinzipien zu beachten:

- Verpflichtung zum sinnorientierten Handeln
- Beachtung von Wirkungsketten
- Beachtung von Führungsstrukturen

Ein sinnorientiertes Führungshandeln kann nur dann vorliegen, wenn beispielsweise bei einer Führungsentscheidung die Wirkungen auf die einzelnen Zielbereiche der Kooperativen Führung in einer ganzheitlichen Betrachtung so prognostiziert werden können, dass auch bei einer Priorisierung von Führungsfeldern insgesamt die Dimensionen der Kooperativen Führung in einem ausgewogenen Gleichgewicht gehalten werden.
Eine Überbetonung der Aufgabenerfüllung darf z.B. nicht dazu führen, dass die humanen Arbeits-und Sozialbeziehungen nicht mehr gewährleistet werden können. Dies würde zwangsläufig zu einer Störung des Vertrauens- und Kooperationsverhältnisses zwischen der Führungskraft und den Mitarbeitern führen. Die in der Folge sich ergebenden Konflikte werden ein kooperatives Zusammenarbeiten erschweren oder sogar unmöglich machen.

In diesem Zusammenhang darf nochmals nachdrücklich auf das Spannungsfeld der Wechselwirkung zwischen den Zielbereichen der Kooperativen Führung und den komplexen Einflussfaktoren verwiesen werden, in dem sich Führungskräfte beweisen müssen.
Wenn es Führungskräften gelingt, im Rahmen des Systemansatzes bei Führungsentscheidungen unter Beachtung von Wirkungsketten und deren Auswirkung auf Führungsstrukturen ein sinnorientiertes Führungshandeln zu gestalten, wird es möglich sein, die möglicherweise nicht immer zu vermeidenden negativen Folgewirkungen in komplexen Führungssituationen auf ein erträgliches Ausmaß zu begrenzen.
Das Dilemma von komplexen Führungssituationen liegt naturgemäß in der Tatsache begründet, dass es die „richtigen" Lösungen und Entscheidungen oft nicht geben wird. Jedoch muss von Führungskräften erwartet werden, dass sie in der Lage sind, sinnvolle und lösungsorientierte Entscheidungen treffen zu können.

2.3 Komplexität und Kooperative Führung

Nach *Sprenger* benötigt man für die Lösung von komplizierten Aufgabenstellungen die fachkompetenten Spezialisten, die sich mit ihrem Fachwissen in einen solchen Problemlösungsprozess sachkundig einbringen können. Ein solches Vorgehen ist jedoch in den meisten Fällen nur dann erfolgreich, wenn sich die Problemstellung auf ein klar definiertes und überschaubares Fachproblem bezieht.

Im polizeilichen Bereich könnten sich diese Problemkreise u.a. aus den Bereichen der Polizeitaktik, der Polizeitechnik, des Personalmanagements oder der Gestaltung von Aufbau- und Ablauforganisationen von Polizeibehörden ergeben.

Bei komplexen Problemfeldern, in denen bei Führungsentscheidungen die beschriebenen Wechselwirkungen und die sich darauf ergebenden Folgen beachtet und auch im Rahmen der Führungsverantwortung berücksichtigt werden müssen, werden Führungskräfte benötigt, die in solchen Führungssituationen in der Lage sind, im System zu denken.
Die bereits aufgezeigte Fähigkeit, eine ganzheitliche Betrachtung von Problemstellungen durchführen zu können, ist als eine Grundvoraussetzung anzusehen, um komplexe Führungssituationen erfolgreich bewältigen zu können.

Nach *Maxwell* begründet sich in dieser Betrachtung der wesentliche Unterschied zwischen Führung und Management, wonach Manager eine vorgegebene Richtung beibehalten, sie aber im Falle von nicht vorhersehbaren Störungen im geplanten Managementprozess nur schwer verändern können. Dadurch werden Mitarbeiter zwar kurzfristig gelenkt, können aber im Falle einer negativen Prozessentwicklung nicht mehr hinsichtlich einer gemeinsamen Aufgabenerfüllung beeinflusst werden.
Mit aufgrund einer solchen Entwicklung enttäuschten und demotivierten Mitarbeitern werden Manager die angestrebten Organisationsziele kaum erreichen können.

Die sich daraus ergebenden Fragestellung, ob erfolgreiche Manager auch erfolgreiche Führungskräfte im kooperativen Sinne sein können, wird bei der thematischen Betrachtung von Rollenerwartungen an Führungskräfte genauer zu analysieren sein.

Wenn man sich die Komplexität der Wechselwirkung zwischen den Zielbereichen der Kooperativen Führung einerseits und den Dimension kooperativen Handelns andererseits in Erinnerung ruft, dann wird deutlich, dass wenn man als Führungskraft dem Wesen der Kooperativen Führung entsprechen will, das Führungshandeln vor dem Hintergrund der ganzheitlichen Betrachtung von Problemstellungen gestaltet werden muss.
Nur auf diesem Wege wird es möglich sein, im kooperativen Sinne bei Führungsentscheidungen den Überblick im Wirkungsgeflecht des Führungsalltages zu behalten.

3 Erwartungshaltung an Führungskräfte

„Übermäßige Erwartungen bringen immer Probleme mit sich!“
(Dalai Lama)

Die bisherigen Überlegungen, wie man das Wesen der Kooperativen Führung beschreiben kann, basiert auf der Darstellung der wesentlichen Grundgedanken des kooperativen Führungshandelns und der Komplexität des Führungsalltages. Dabei ist zu erkennen, dass sich für Führungskräfte die Notwendigkeit ergibt, dieses Wissen im konkreten Führungshandeln umsetzen zu können.
Diese Anforderung an Führungskräfte stellt schon eine grundsätzliche Herausforderung dar, die nur mit einer ausgeprägten Führungskompetenz bewältigt werden kann. Darüber hinaus ist jedoch auch zu beachten, dass unterschiedliche Rollenerwartungen von verschiedenen Erwartungsträgern an eine Führungskraft gerichtet werden, die im Führungswirken ebenfalls berücksichtigt werden müssen. Aus diesem Grund sollten Führungskräfte die Bedeutung von Rollenerwartungen und des eigenen Rollenverständnisses kennen.

3.1 Rollenerwartung

Grundsätzlich muss jeder Mensch in seinem Leben wechselnden Rollenerwartungen im sozialen und beruflichem Umwelt gerecht werden. Dabei versteht man unter einer sozialen Rolle ein Bündel von normativen Erwartungen von häufig unterschiedlichen Erwartungsträgern, die sich an die Inhaber von bestimmten sozialen Positionen richten.
Der Umstand, dass sich Menschen ein Leben lang in unterschiedlichen sozialen Rollen befinden, wird auch als Rollensatz bezeichnet.
Für Führungskräfte ergeben sich in der Regel von folgenden Erwartungsträgern bestimmte Rollenerwartungen an ihre soziale Rolle im Führungsalltag:

- Mitarbeiter
- Vorgesetzte

- Führungskräfte auf der gleichen Führungsebene
- Soziales Umfeld (Familie, Freundeskreis, Vereine usw.)
- Öffentlichkeit (Bürger, Politik, Medien, Justiz)

Ausgehend von diesen unterschiedlichen und zum Teil gegensätzlichen Rollenerwartungen ist unschwer zu erkennen, dass sich Führungskräfte den sich daraus ergebenden Rollenkonflikten stellen müssen.

Neben der bereits erörterten Komplexität des Führungsalltages müssen sich Führungskräfte gleichzeitig den unterschiedlichen Interessenlagen der aufgezeigten Erwartungsträger zuwenden, die ein hohes Konfliktpotenzial in sich bergen.

Während sich die Erwartungshaltung von Vorgesetzten in erster Linie auf eine optimale Aufgabenerfüllung richtet, wird die Erwartungshaltung aus dem sozialen Umfeld vor dem Hintergrund der Vereinbarkeit von Familie und Beruf auf den Bereich der humanen Arbeits- und Sozialbeziehungen abzielen. Das Zusammentreffen dieser unterschiedlichen Rollenerwartungen führt zu unterschiedlichen Rollenkonflikten, mit der Führungskräfte professionell umgehen sollten. Die sich daraus ergebende Komplexität dieser Rollenkonflikte ist als eine ständige Herausforderung im Führungsalltag zu verstehen.
Die wesentliche Voraussetzung zur Vermeidung, Reduzierung oder zumindest einem erfolgreichen Umgang mit den sich ergebenden Rollenkonflikten stellt dabei ein angemessenes Rollenverständnis dar.

3.2 Rollenverständnis

Das Rollenverständnis von Führungskräften wird von folgenden Faktoren geprägt:

- Normen, die eine Position determinieren
- Fremde und eigene Erwartungen, die an einen Akteur in einer bestimmten sozialen Position gerichtet werden
- Positive und negative Reaktionen, mit denen Erwartungsträger den Rolleninhaber beeinflussen

Die grundlegenden **Normen**, welche die soziale Position einer Führungskraft in der deutschen Polizei determinieren, ergeben sich aus den Grundsätzen der Kooperativen Führung. Die bereits beschriebenen Vorgaben aus der PDV 100 hinsichtlich der Verbindlichkeit des KFS als Orientierungsrahmen für kooperatives Führungshandeln spielen dabei eine wichtige Rolle.
Aber auch die Funktion von Leitbildern soll in diesem Zusammenhang nicht unterschätzt werden, da sie sowohl für Vorgesetzte als auch Mitarbeiter aufzeigen, wie die Zusammenarbeit hinsichtlich einer erfolgreichen Aufgabenerfüllung verlaufen soll.

Neben diesen festgeschriebenen Normen ergeben sich im Bereich der indirekten Führung durch die bestehende Organisationskultur, den strategischen Vorgaben und dem Organisationsaufbau in der täglichen Interaktion auch ungeschriebene Normen, die durch Führungskräfte bei der Gestaltung des Führungsprozesses beachtet werden sollen.

Nur im Bewusstsein dieser Normen und deren Beachtung im konkreten Führungshandeln wird es Führungskräften möglich sein, im Bereich der strukturell-systemischen Führung eine professionelle Führungs-, Kommunikations- und Fehlerkultur aufzubauen, um den komplexen Herausforderungen des Führungsalltages gerecht zu werden.

Durch die unterschiedlichen fremden und eigenen **Rollenerwartungen** an eine Führungskraft werden sich in der Führungsrealität oft folgende **Rollenkonflikte** ergeben:

- Die Führungskraft richtet widersprüchliche Erwartungen an sich selbst **(Intra-Sender-Konflikt)**
- Verschiedene Erwartungsträger richten unterschiedliche oder sich widersprechende Erwartungshaltungen an die Führungskraft **(Inter-Sender-Konflikt)**
- Aufgrund unterschiedlicher Rollenwahrnehmungen wird die Führungskraft mit unterschiedlichen Erwartungshaltungen konfrontiert **(Inter-Rollen-Konflikt)**

- Die Führungskraft kann die an sie gerichteten Rollenerwartungen nicht mit ihrem Rollenverständnis in Übereinstimmung bringen **(Personen-Rollen-Konflikt)**
- Die Erwartungshaltungen an die Führungskraft sind unpräzise oder verfolgen inoffiziell eine ganz andere Zielrichtung **(Rollenambiguität)**
- Die Menge der verschiedenen Erwartungshaltungen überfordern die Führungskraft **(Quantität-Rollen-Konflikt)**

Aus diesen Rollenkonflikten werden sich nach der Entscheidung der Führungskraft, wie sie mit diesen Konfliktsituationen umgeht, sowohl **positive** als auch **negative Reaktionen** der verschiedenen Erwartungsträger entwickeln. Dabei hängt die jeweilige positive oder negative Reaktion davon ab, ob der Erwartungsträger seine Rollenerwartungen an die Führungskraft als erfüllt ansieht oder nicht.
Wenn man sich beispielsweise die verschiedenen Erwartungshaltungen von Vorgesetzten und Mitarbeitern vor dem Hintergrund eines Inter-Sender-Konfliktes betrachtet, wird das Spannungsverhältnis zwischen Rollenerwartungen an eine Führungskraft und deren Rollenverständnis deutlich.
Einerseits erwartet der Vorgesetzte eine optimale Aufgabenerfüllung und die loyale Umsetzung von dienstlichen Weisungen, andererseits erwarten die Mitarbeiter im Rahmen der humanen Arbeits- und Sozialbeziehungen eine engagierte Vertretung von berechtigten Interessen gegenüber den übergeordneten Führungsebenen.

Da die aufgezeigten Rollenkonflikte ein ständiger Begleiter von Führungskräften im Führungsalltag sein werden, sollten sich diese über ihr individuelles Rollenverständnis gegenüber den verschiedenen Erwartungsträgern bewusst sein. Dabei ist zu beachten, dass die Wahrnehmung und Zuteilung von Rollen im Rahmen der dienstlichen sozialen Interaktion eine Orientierungsfunktion einnimmt, die eine Berechenbarkeit und Regelmäßigkeit des Führungshandelns im sozialen Beziehungsgeflecht ermöglichen.
Vor diesem Hintergrund ist zu beachten, dass die Rollenerwartungen der Erwartungsträger an den Rolleninhaber mit dessen Rollenverständnis korrespondieren, damit die Rollenerwartungen wechselseitig zufriedenstellend erfüllt werden können.

Bei der Festlegung auf das eigene Rollenverständnis als Führungskraft erscheint es sinnvoll, sich an die Grundlagen der Kooperativen Führung zu erinnern, wonach im Bereich der Zielfelder und der Dimensionen des kooperativen Handelns immer eine der Führungssituation angemessene Balance herzustellen ist. Daraus ist abzuleiten, dass beim Zusammentreffen der verschiedenen Rollenerwartungen die Führungskraft in der Lage sein muss, diesen in einem ausgewogenen Verhältnis gerecht zu werden.

Gelingt es einer Führungskraft nicht, die erforderliche Balance von dem eigenen Rollenverständnis und den an sie gerichteten Rollenerwartungen zu gewährleisten, so wird sie auf Dauer den Erwartungshaltungen von Vorgesetzten, Mitarbeitern und dem sozialen Umfeld nicht entsprechen können. Durch die sich daraus ergebenden Konfliktfelder wird eine Identifikation mit der eigenen Führungsrolle sehr erschwert und ein erfolgreiches Führungshandeln aufgrund des damit einhergehenden Autoritäts- und Vertrauensverlustes kaum möglich sein.

3.3 Ausprägungsformen des Rollenverständnisses

Neben dem Spannungsfeld zwischen den Rollenerwartungen und dem Rollenverständnis haben Führungskräfte die Aufgabe, sich darüber Gedanken zu machen, mit welcher Intention sie den Führungsprozess gestalten wollen.
Bei der Betrachtung der grundsätzlichen Zielrichtung von Führung und Management wurde bereits festgestellt, dass der Begriff des Managements eher die Tätigkeiten der Planung, der Organisation, der Ressourcenverwaltung, des Messens und des Kontrollierens umfasst.
Der Begriff der Führung wird hingegen eher mit der kommunikativen Interaktion zwischen Vorgesetzten und Mitarbeitern, der direkten Anweisung und dem sich Einsetzen für berechtigte Interessen der Mitarbeiter verknüpft.

Nach *Christe-Zeyse* kann man den Versuch unternehmen, vor diesem Hintergrund das Rollenverständnis einer Führungskraft im konkreten Führungshandeln mit den Begriffen Leiten, Führen und Managen zu charakterisieren.

Der Begriff **Leitung** bezieht sich vornehmlich auf die Funktion an der Spitze einer Organisation oder Organisationseinheit, die eng mit einem zugewiesenen Amt innerhalb einer Behördenstruktur verknüpft ist. Eine solche Leitungsfunktion beschreibt eher die förmlichen und repräsentativen Aufgaben einer Führungskraft, die sich folgendermaßen darstellen können:

- Leitung von Besprechungen
- Mitwirkung im Personal- und Beurteilungswesen
- Mitwirkung bei der Organisationsentwicklung
- Repräsentation der Organisationseinheit nach außen

Der Begriff **Management** umschreibt hingegen weniger die Repräsentation des eigenen Organisationsbereiches, sondern vielmehr die Bewältigung konkreter Aufgabenstellungen. Hieraus ergibt sich die Herausforderung für Führungskräfte, den Führungsprozess so mit den erforderlichen zielorientierten und strukturierten Aktivitäten zu gestalten, dass die Aufgabenerfüllung im verantwortlichen Organisationsbereich gewährleistet wird.
Im Rahmen der Rollenerwartung an Führungskräfte haben sie für die Ergebnisse des von ihnen gestalteten Führungsprozesses die Führungsverantwortung zu übernehmen. Im Bereich der Kooperativen Führung korrespondiert dies mit dem Zielfeld der optimalen Aufgabenerfüllung und dem Ziel-/Leistungsaspekt der Dimensionen des kooperativen Führungshandelns.

Der Begriff **Führung** ist in Abgrenzung zur Leitung und zum Management in ihrer Grundintention stärker auf die Interaktion mit den Mitarbeitern ausgerichtet, sodass die direkte Kommunikation sowohl in der persönlichen Zuwendung als auch in der direktiven Wirkung im Mittelpunkt steht. Im Bereich der Kommunikation ergibt sich aus der Rollenerwartung an Führungskräfte die Notwendigkeit, dass sie durch ein aktives Kommunikationsverhalten ihrer Führungsrolle gerecht werden müssen.
In diesem Zusammenhang ist zu beachten, dass Vorgesetzte und Mitarbeiter die Führungseignung im Rahmen der fachlichen und persönlichen Autorität nur dann zuerkennen, wenn diese mit der

erforderlichen Führungskompetenz im persönlichen und fachlichen Bereich in Übereinstimmung gebracht werden kann.
Ein ausschließlicher Verweis auf die im Rahmen einer förmlichen Kompetenzzuweisung bestehende Amtsautorität würde in der Folge zu einem massiven Autoritätsverlust der Führungskraft führen.
Aus diesem Grund ist es erforderlich, dass Führungskräfte aktiv den partizipativen und prosozialen Aspekt im konkreten Führungshandeln berücksichtigen, um besonders den Erwartungshaltungen von Mitarbeitern gerecht zu werden.

In der zusammenfassenden Betrachtung dieser Ausprägungsformen des Rollenverständnisses ist darauf hinzuweisen, dass die Funktionen der Führung, des Managements und der Leitung nicht im Widerspruch zueinander stehen. Vielmehr muss erkannt werden, dass diese adressaten- und situationsgerecht im Führungsalltag zum Ausdruck gebracht werden müssen.

Somit sollte das Rollenverständnis einer Führungskraft alle drei beschriebenen Ausprägungen berücksichtigen, wobei auch diese wie die Zielfelder der Kooperativen Führung in einem ausgewogenen Verhältnis zueinander stehen sollten.
In diesem Zusammenhang sollte jedoch bedacht werden, dass in der Erwartungshaltung von Mitarbeitern an Führungskräfte die Gewährleistung des Organisationszusammenhaltes und der humanen Arbeits- und Sozialbeziehungen im Mittelpunkt stehen. Wenn dieser Umstand in seiner Bedeutung für Mitarbeiter durch die Führungskraft nicht erkannt wird, ist die Entstehung von Konflikten unausweichlich.
Im konkreten Führungshandeln sollte daher der Führungsgedanke im Vordergrund stehen und der prosoziale und partizipative Aspekt der Kooperativen Führung im Rollenverständnis gebührend berücksichtigt werden. Gleichzeitig bleibt die Führungskraft jedoch auch aufgefordert, die Grundausrichtung des Leitungs- und Managementgedankens in der Gestaltung des Führungsprozesses zu beachten.

4 Die Bedeutung der Organisationskultur

„Das Herzstück der Unternehmenskultur ist die Kommunikation zwischen den Menschen."
(Fabrizio Perini, Kommunikationstrainer)

4.1 Organisationskultur und Kooperative Führung

In der bisherigen Betrachtung, wie sich das Wesen der Kooperativen Führung im konkreten Führungshandeln ausdrückt, wurde die personal-interaktive Führung in den Mittelpunkt gestellt. Hierbei wurde besonders die Bedeutung der direkten Führung vor dem Hintergrund der Interaktion zwischen Führungskräften und Mitarbeitern im Zusammenhang mit den Herausforderungen der Komplexität des Führungsalltages beschrieben.

Wenn man den Wesenskern der Kooperativen Führung umfassend betrachten will, ist es jedoch auch notwendig, die gedankliche Verbindung zur strukturell-systemischen Führung herzustellen. Im Rahmen dieser indirekten Führung wird die Kontextgestaltung innerhalb einer Organisation beschrieben, wobei Führungskräfte sich immer der Tatsache bewusst sein müssen, dass die Wirkungen von organisatorischen Rahmenbedingungen im individuellen Führungshandeln immer zu berücksichtigen sind.
Vor diesem Hintergrund wird unter dem Begriff der Organisationskultur bei der Polizei die Gesamtheit des innerhalb der Organisation gewachsenen Meinungs-, Normen- und Wertegefüges einer Polizeibehörde verstanden.
Hierbei ist auf die Unterscheidung zwischen der formellen und informellen Organisationskultur hinzuweisen.

In der formellen Organisationskultur sind die verbindlich festgelegten Regeln und Anordnungen (z.B. Bestimmungen in der PDV 100, Organisations- und Dienstpostenplan usw.) festgelegt, die als normative Orientierung für alle Organisationsangehörigen gelten.

In der informellen Organisationskultur werden hingegen die ungeschriebenen Werte, Traditionen, Riten, in der Organisation übliche oder erwartete Verhaltensweisen und der historisch bedingte Umgang miteinander erfasst, die jedoch wesentlich den Organisations- und Führungsalltag prägen.

Nach *Wunderer* ist die Organisationskultur die wichtigste, aber auch anspruchsvollste Gestaltungsdimension der indirekten Führung, wobei diese als „unsichtbare" Führungskraft die Handlungen der Organisationsangehörigen auf indirekte Weise als bestimmenden Faktor der strukturell-systemischen Führung beeinflusst.

Vor diesem Hintergrund wird deutlich, dass hierdurch auch die Kerngedanken der Kooperativen Führung angesprochen werden. Wenn man sich die Ziele der Kooperativen Führung und die Dimensionen des kooperativen Führungshandelns, besonders den Ziel-/Leistungs- und den Organisationsaspekt, in Erinnerung ruft, sind die Wechselwirkungen deutlich zu erkennen.

Daraus lässt sich für Führungskräfte in der Polizei die Verpflichtung ableiten, dass die in der formellen Organisationskultur festgelegten Werte und Normen im Führungsalltag vorbildlich umgesetzt werden sollten. Wenn diesen Rollenerwartungen von Mitarbeitern nicht entsprochen wird, werden Führungskräfte kaum in der Lage sein, eine vertrauensvolle Zusammenarbeit und Kommunikationskultur mit ihren Mitarbeitern zu gestalten.
Aus diesen Gründen muss mit Nachdruck darauf hingewiesen werden, dass die Beachtung der Grundsätze der Kooperativen Führung im Rahmen der Organisationskultur in der sich daraus ergebenden Wechselwirkung zur direkten Führung eine wesentliche Grundlage für ein erfolgreiches Führungshandeln darstellt.

4.2 Vision und Strategie

Der Begriff der Vision wird vom lateinischen Begriff „*visio*" (Anblick, Erscheinung) abgeleitet und beschreibt komplexe und noch relativ unscharfe Zielbilder in einer anzustrebenden Zukunft.
Die Aufgabe der Beschreibung, auf welche Ziele sich eine Behörde oder ein Wirtschaftsunternehmen in der Zukunft ausrichten soll, fällt grundsätzlich der obersten Führungs- und Leitungsebene zu.

Dabei sind nicht nur die Zielfelder zu definieren, sondern auch Überlegungen anzustellen, welche Wege zu beschreiten sind, um im Rahmen der direkten und indirekten Führung die erfolgreiche Zielerreichung sicherzustellen.

Die im Vorwort aufgezeigten gesellschaftlichen, sozialen, politischen und wirtschaftlichen Entwicklungen vor dem Hintergrund der Globalisierung im nationalen und im internationalen Bereich erschweren zunehmend eine tragfähige Prognose hinsichtlich der Organisationsentwicklung über die unmittelbare Zukunft hinaus.

Im Bereich von Wirtschaftsunternehmen betrifft dies die Entwicklung von Märkten, wobei im polizeilichen Bereich die Betrachtung der Lage im Bereich der inneren Sicherheit im Vordergrund steht. Trotz dieser komplexen Herausforderung bei der Entwicklung von in der Zukunft liegenden Organisationszielen sollte man sich stets die Worte des ehemaligen amerikanischen Innenministers *Carl Schurz* in Erinnerung rufen:

„Ideale und Visionen sind wie Sterne, die wir niemals erreichen, aber wie die Seefahrer auf dem Meer unseren Kurs nach ihnen ausrichten können!“

Die Vision für eine Organisation kann einen bedeutenden Beitrag für die Erreichung der Organisationsziele und somit für die Leistungsfähigkeit einer Behörde oder eines Wirtschaftsunternehmens leisten, wenn es gelingt, durch eine professionelle Kommunikationskultur sowohl Führungskräfte als auch Mitarbeiter zukunftsorientiert und strukturell im Rahmen der indirekten Führung auf die gemeinsame Aufgabenerfüllung auszurichten.

Die Entwicklung und Implementierung einer glaubwürdigen und von allen Organisationsangehörigen nachvollziehbaren Vision für eine Behörde oder Wirtschaftsunternehmen kann folgende Wirkungen erzielen:

- Gemeinsame Orientierung zur Zielerreichung für alle Organisationsbereiche
- Hohe Identifikation mit den Organisationszielen
- Gewährleistung der optimalen Aufgabenerfüllung

- Vertrauensbildung zwischen Führungskräften und Mitarbeitern
- Hoher Innovationsgrad in allen Organisationsbereichen

Bei der Darstellung und Umsetzung von Visionen in Behörden treten oft dann Probleme auf, wenn diese auf die fehlende Akzeptanz bei Mitarbeitern stoßen. Dies beruht meistens auf dem Umstand, dass die Vorgaben der Vision die bestehende Organisationskultur und die reale Erfahrungswelt von Mitarbeitern nicht in angemessener Weise berücksichtigen.

Aus diesem Grund müssen Mitarbeiter, besonders bei der visionären Neuausrichtung einer Organisation, im Rahmen einer professionellen Kommunikationskultur auf der emotionalen Ebene angesprochen und mitgenommen werden. Nur auf diesem Wege wird es möglich sein, die notwendige Glaubwürdigkeit herzustellen, auf deren Grundlage die angestrebte Vision für eine Behörde von den Organisationsangehörigen als ein realistischer und in der Zukunft tragfähiger Orientierungsrahmen akzeptiert werden kann.

Bei der vielfach geäußerten Kritik, dass die im Rahmen einer Vision vorgegebenen Organisationsziele unrealistisch erscheinen und mit der Organisationswirklichkeit nicht in Überstimmung zu bringen sind, muss entgegnet werden, dass die in der Zukunft liegenden Zielbilder immer mit der Unsicherheit behaftet sind, dass aufgrund unvorhersehbarer Einflussfaktoren die gedachten Zielvorstellungen nicht wie beabsichtigt erreicht werden können.

In diesem Zusammenhang muss erneut auf die Bedeutung der Kooperativen Führung hingewiesen werden, da hierdurch Führungskräfte aufgefordert werden, auch bei der Umsetzung von Visionen im Rahmen der Organisationsentwicklung die Ziele und Dimensionen kooperativen Führungshandelns zu beachten. Die erforderliche Transparenz und Beteiligung von Mitarbeitern wird dabei explizit als Wesen der Kooperativen Führung von Führungskräften im Führungsalltag zum Ausdruck gebracht.

Auf Grundlage der visionären Ausrichtung einer Behörde ist die strategische Zielrichtung für alle Organisationsbereiche zu entwickeln. In der PDV 100 wird die Bedeutung der Strategie für polizeiliche Führungskräfte wie folgt beschrieben:

„Strategien politischer und polizeilicher Entscheidungsträger sind notwendig für die Fortentwicklung der Polizei; sie geben Orientierung für die Bewältigung von Aufgaben."

Aus unternehmerischer Sicht stellt die Unternehmensstrategie das betriebswirtschaftliche Konzept für das zukünftige effektive und effiziente Handeln im wirtschaftlichen Bereich dar. Darin wird festgelegt, mit welchen Produkten, Methoden, Ressourcen und auf welchen Märkten das Unternehmen operieren und sich dem Wettbewerb stellen will.

Für Polizeiorganisationen lässt sich daraus ableiten, dass eine in die Zukunft gerichtete erfolgreiche Behördenstrategie eine Antwort auf die Frage geben muss, wie die Anforderungen im Bereich der inneren Sicherheit durch einen effektiven und effizienten Ressourceneinsatz, eine an möglichen neuen Herausforderungen orientierte taktische Grundausrichtung und ein professionelles Personalmanagement bewältigt werden können.

Im Bereich der strategischen Ausrichtung der Bundespolizei sind beispielweise die folgenden vier Zielfelder zu nennen:

- Ergebnisse
- Personal
- Partner
- Ressourcen und Prozesse

Im strategischen Zielfeld der **Ergebnisse** ist zu beachten, dass die Bundespolizei als wichtiger Bestandteil des nationalen und internationalen Sicherheitsgefüges einen wesentlichen Beitrag für die innere Sicherheit Deutschlands und Europas zu leisten hat. Die Schwerpunkte der polizeilichen Arbeit liegen dabei im Bereich der Fahndung, der Grenz-, Bahn- und Luftsicherheit sowie im internationalen Polizeieinsatz.

Im Zielfeld **Personal** soll mit einer professionellen strategischen Ausrichtung der Personalgewinnung und der Personalentwicklung den nationalen und internationalen Herausforderungen wirkungsvoll entsprochen werden. In diesem Zusammenhang soll durch eine erfolgs- und bedarfsorientierte Aus- und Fortbildung langfristig die Qualifizierung der Mitarbeiterinnen und Mitarbeiter gewährleistet werden. Durch ein vorbildliches Verhalten und ein angemessenes Erscheinungsbild soll das Ansehen der Bundespolizei positiv in der Öffentlichkeit geprägt werden.

Im Bereich des strategischen Zielfeldes **Partner** wird herausgestellt, dass nur in der engen Zusammenarbeit mit den nationalen und internationalen Sicherheitspartnern ein erfolgreicher Beitrag für die innere Sicherheit Deutschlands sowie inner- und außerhalb Deutschlands geleistet werden kann. Die Zusammenarbeit mit den Sicherheitspartnern soll dabei von Offenheit, Sachlichkeit und gegenseitigem Nutzen geprägt sein.

Im Bereich der **Ressourcen und Prozesse** muss durch den Einsatz moderner Ausrüstung, Methoden und Technologien in allen Bereichen der Organisation ein Höchstmaß an Effizienz bei der Aufgabenerfüllung erreicht werden. Durch eine professionelle Polizeiarbeit soll ein hoher Qualitätsstandard erreicht und gewahrt werden, der einem ständigen Verbesserungsprozess unterliegen soll.

Wenn man diese strategischen Zielfelder im Bereich der strukturell-systemischen Führung mit den Dimensionen der Kooperativen Führung in Beziehung zueinander setzt, sind sehr deutlich die grundlegenden Wechselwirkungen zu erkennen.
Nur durch die Beachtung und Umsetzung des prosozialen, partizipativen, organisatorischen und Ziel-/Leistungsaspektes im konkreten kooperativen Führungshandeln werden Führungskräfte in der Lage sein, auch den strategischen Zielfeldern der BPOL erfolgreich zu entsprechen.
Durch ein solches Führungsverhalten werden Führungskräfte auch dem Grundgedanken der Kooperativen Führung in deren Wesensgehalt gerecht.

4.3 Bedeutung des Leitbildes

Vor dem Hintergrund der indirekten Führung wird die Bedeutung eines Leitbildes für die Umsetzung des kooperativen Führungsgedankens sowohl von Führungskräften als auch von Mitarbeitern oft unterschätzt.
Dabei stellt ein Leitbild die schriftliche Erklärung einer Organisation über ihr Selbstverständnis und Grundprinzipien dar, welche als

Orientierungsrahmen für das alltägliche dienstliche Zusammenwirken dienen sollen. Zum Bereich der Grundprinzipien gehört im polizeilichen Bereich zweifellos auch die Beachtung der Grundlagen der Kooperativen Führung.
Hieraus lässt sich für das Innenverhältnis die Folgerung ableiten, dass ein Leitbild als Orientierungsrahmen für alle Organisationsangehörigen und somit handlungsleitend und motivierend für die Organisation als Ganzes wirken soll. Im Außenverhältnis soll durch das Leitbild verdeutlicht werden, wofür die Organisation steht und gleichzeitig die Leistungsfähigkeit einer Behörde beschrieben werden.
In der zusammenfassenden Betrachtung lässt sich sagen, dass ein Leitbild im Rahmen der indirekten Führung für alle Mitarbeiter die Organisationsziele, die beabsichtigten Strategien und das sich daraus ergebende operative Handeln beschreibt.

Für die Qualität und Akzeptanz eines Leitbildes ist es unabdingbar, dass die Mitarbeiter bei der Erstellung des Leitbildes ihrer Organisation auf breiter Basis beteiligt werden. Wenn dies gelingt, kann durch eine umfassende transparente Diskussion über die in der Organisation anzustrebenden Werte und Normen, die strategische bzw. operative Ausrichtung und die Organisationsziele ein so in der Behörde verankertes Leitbild zur Festigung des Organisationszusammenhaltes und zur motivierenden Wirkung für alle Organisationsangehörigen beitragen.

Bei der Erstellung von Leitbildern sollten unter Beachtung der Grundprinzipien der Kooperativen Führung im Hinblick auf eine erfolgreiche Implementierung in die Organisationskultur einer Behörde folgende Fragenstellungen berücksichtigt werden:

- Wo liegen die Stärken und Schwächen in den **Arbeits- und Kompetenzfeldern** der Organisation?
- Wie verläuft der **Kommunikationsprozess** innerhalb der Organisation?
- Nach welchen **Führungsgrundsätzen** wir das Verhältnis zwischen Führungskräften und Mitarbeitern gesteuert?
- Welcher **ethische Orientierungsrahmen** liegt der Organisationskultur zugrunde?

- Nach welchen Grundsätzen soll das Verhältnis zwischen **strategischer und operativer Ausrichtung** gestaltet werden?

4.3.1 Das Leitbild der Bundespolizei

Das Leitbild der Bundespolizei entstand in mehreren Arbeitsschritten zwischen 1996 und 1998, da sich der damalige Bundesgrenzschutz (BGS) in einer breit angelegten organisatorischen Umstrukturierungsphase befand.
Aufgrund einer durch das Bundesministerium des Innern (BMI) durchgeführten Mitarbeiterbefragung wurde zum damaligen Zeitpunkt die Notwendigkeit deutlich, im Rahmen des Umstrukturierungsprozesses eine zukunftsfähige Organisationskultur für den BGS zu beschreiben und einen zeitgemäßen Orientierungsrahmen nach innen gegenüber den Mitarbeitern und nach außen gegenüber der Politik und Gesellschaft aufzuzeigen.

Im Rahmen von Informationsveranstaltungen, Workshops und Arbeitsgruppen, an der sich alle Angehörigen des BGS beteiligen konnten, wurde aus dem Kreise der Mitarbeiter heraus das Leitbild für den BGS und damit auch der heutigen Bundespolizei entwickelt und durch das BMI verbindlich per Erlass als Teil der Organisationskultur der Bundespolizei bestimmt. Hieraus ergibt sich für die Führungskräfte der BPOL die Verpflichtung, die Vorgaben der Kooperativen Führung und das Leitbild im Rahmen der formellen Organisationskultur im Führungsalltag zu berücksichtigen.

Daraus lässt sich folgern, dass ein Leitbild als akzeptierter Bestandteil der formellen Organisationskultur für alle Organisationsangehörigen eine wichtige Orientierungsfunktion darstellt, die im Rahmen des partizipativen Aspektes der Kooperativen Führung sowohl für Führungskräfte als auch für Mitarbeiter eine verbindliche Wirkung für die positive Gestaltung des Organisationsalltages entfaltet.

In der weiteren Betrachtung soll das Leitbild der Bundespolizei exemplarisch dahingehend näher beleuchtet werden, welche Bedeutung die Kernaussagen eines Leitbildes für die erfolgreiche Umsetzung kooperativen Führungshandelns erlangen können. Hierbei wird besonders die Rolle von Führungskräften in den Vordergrund gestellt, wobei grundsätzlich alle Behördenangehörigen aufgefordert sind, ihr Handeln auf die Kernaussagen des Leitbildes auszurichten.

Gleichzeitig ist in diesem Zusammenhang auf den bereits genannten partizipativen Aspekt der Kooperativen Führung hinzuweisen, wonach im kooperativen wechselseitigen Zusammenwirken auch das Wesen der Kooperativen Führung wirkungsvoll zum Ausdruck gebracht wird.

Zum besseren Verständnis soll im Folgenden das Leitbild in seinen Kernaussagen grafisch dargestellt werden:

4.3.2 Kernaussagen des Leitbildes der Bundespolizei

- **„Als Polizei des Bundes leisten wir einen Beitrag für die Sicherheit der Menschen in unserem Land"**

Mit dieser Aussage werden alle Mitarbeiterinnen und Mitarbeiter der BPOL dazu verpflichtet, im Rahmen der gesetzlichen Aufgabenzuweisung ihren optimalen individuellen Beitrag zur Sicherheit der Menschen in der Bundesrepublik Deutschland zu leisten.

Alle Führungskräfte in der BPOL haben in diesem Zusammenhang zu beachten, dass ohne eine zielorientierte Ausrichtung aller Mitarbeiter auf die gemeinsame Aufgabenerfüllung diese nicht im Sinne des entsprechenden Zielfeldes der Kooperativen Führung erreicht werden kann.

- **„Offenheit, Ehrlichkeit und gegenseitige Akzeptanz prägen unser Miteinander"**

Mit dieser Feststellung wird das Idealbild des erwünschten Innenverhältnisses in der BPOL beschrieben, wonach alle Organisationsangehörigen mit gegenseitigem Respekt fair miteinander umgehen sollen.
Daraus ergibt sich für Führungskräfte die Verpflichtung, auf der Grundlage eines positiven Menschenbildes im konkreten Führungshandeln die notwendige Vertrauensbasis zu schaffen, um im Rahmen der gemeinsamen Teamarbeit die geforderten Ziele zu erreichen. Aus diesem Grund haben Führungskräfte ihre Mitarbeiter als gleichwertige Partner zu akzeptieren und die erforderliche Transparenz hinsichtlich der beabsichtigten oder getroffenen Führungsmaßnahmen zu gewährleisten.

- **„Wir fördern Eigenverantwortung auf allen Ebenen durch kooperative Führung"**

Die Beteiligung der Mitarbeiter am Führungsprozess und die Delegation von Aufgaben sind wesentliche Voraussetzungen, um die Mitarbeiter in der Bundespolizei in die Lage zu versetzen, Eigenverantwortung für ihr Handeln zu übernehmen.
Führungskräften muss stets bewusst sein, dass durch die gemeinsame Gestaltung des Führungsprozesses die Mitarbeiter dazu motiviert werden, ihre Aufgaben im Organisationsgefüge selbstständig zu erfassen und zu erfüllen. Durch die Förderung der Eigenverantwortung wird sowohl die beabsichtigte positive persönliche Weiterentwicklung des einzelnen Mitarbeiters als auch die optimale Aufgabenerfüllung weitestgehend gewährleistet.

- **„Wir erreichen unsere Ziele nur mit gut informierten Mitarbeitern“**

Da bereits im Eingangszitat zum Bereich der Organisationskultur darauf hingewiesen wurde, wonach das Herzstück der Unternehmenskultur durch die Kommunikation zwischen den Menschen geprägt wird, gewinnt diese Kernaussage des Leitbildes eine besondere Bedeutung.
Daraus ist abzuleiten, dass eine professionelle Kommunikations- und Informationskultur die unabdingbare Voraussetzung für eine vertrauensvolle Zusammenarbeit zwischen Vorgesetzten und Mitarbeitern in der Bundespolizei darstellt. Durch die Beachtung dieses Grundsatzes kann weitestgehend der Entstehung von Gerüchten bzw. Missverständnissen und den sich daraus ergebenden Folgekonflikten vorgebeugt werden.

Führungskräfte müssen in diesem Zusammenhang jedoch beachten, dass sowohl der Informationsmangel als auch die Informationsüberflutung massive Störungen im Führungsprozess verursachen können. Aus diesem Grund sollten Führungskräfte durch eine wohldurchdachte Informationsselektion und -weitergabe diesen möglichen Problemstellungen vorbeugend entgegentreten.

- **„Engagement und Leistung verdienen Anerkennung und berufliche Förderung“**

Im Rahmen der objektivierten Leistungsfeststellung sind das Engagement und die Leistung von Mitarbeitern angemessen zu würdigen. Diese Anerkennung kann sich sowohl in einer qualifizierenden Fortbildung als auch vor dem Hintergrund des Beurteilungswesens in einer erhöhten Erfolgswahrscheinlichkeit hinsichtlich von Stellenausschreibungen oder Beförderungsmöglichkeiten ausdrücken, wobei an dieser Stelle darauf hinzuweisen ist, dass aufgrund der Bestimmungen der Beurteilungsrichtlinien und den jeweils zu Verfügung stehenden Haushaltsmitteln die Beförderungssituation nicht immer unmittelbar positiv gestaltet werden kann.
Aufgrund der eigenen Erfahrungen als Beurteiler und Beurteilter kann der Verfasser jedoch feststellen, dass die meisten Konflikte im Beurteilungswesen auf ein mangelndes Verständnis von Führungskräften hinsichtlich der glaubhaften Umsetzung der objektivierten Leistungsfeststellung zurückzuführen sind.

In vielen dienstlichen Situationen sind Mitarbeiter nach Beobachtung des Verfassers schon für eine direkte verbale Rückkopplung durch Vorgesetzte dankbar, weil dies in ihrer Unmittelbarkeit die stärkste Form der Bestätigung und Anerkennung darstellt. Wenn Führungskräfte es aufgrund einer defizitären Führungskompetenz nicht verstehen, das gezeigte Engagement von Mitarbeitern in einer angemessenen Kommunikationskultur zu würdigen, wird es unausweichlich zu einer Beschädigung des Vertrauensverhältnisses zwischen Führungskräften und ihren Mitarbeitern kommen.

– **„Aus- und Fortbildung – eine Investition in unsere Zukunft"**

Aufgrund der bereits geschilderten immer schneller werdenden dynamischen Entwicklungen in den gesellschaftlichen, politischen, rechtlichen, einsatztaktischen und technischen Bereichen, müssen Führungskräfte in der Bundespolizei sich darüber bewusst sein, dass nur mit gut qualifizierten Mitarbeitern die täglichen Herausforderungen im Bereich der inneren Sicherheit bewältigt werden können. Daraus ergibt sich die Verpflichtung, die zur Erhaltung bzw. Fortentwicklung der Kenntnisse und Fähigkeiten der Mitarbeiter erforderlichen Aus- und Fortbildungsmaßnahmen vorzuplanen und nötigenfalls gegenüber übergeordneten Führungsebenen einzufordern.

– **„Aufgabenorientierte und zeitgemäße Ausstattung – Kennzeichen einer modernen Polizei"**

Die bereits dargestellte dynamische Entwicklung im Einsatzgeschehen und im technischen Bereich, besonders auf dem Gebiet der Informationstechnologie, führt zu der ständigen Herausforderung, sowohl für die Bundespolizei im Gesamten als auch für alle Organisationsangehörigen, eine zeitgemäße Ausstattung zu gewährleisten.

Neben diesem Umstand ergeben sich durch die mangelnde Flexibilität aufgrund haushaltsrechtlicher Vorschriften, die meist angespannte Finanzlage der öffentlichen Haushalte und neue Bedrohungslagen weitere Problemfelder, die zu bewältigen sind. Das zukunftsorientierte Ziel der zeitgemäßen Ausstattung wird aufgrund der genannten Einflussfaktoren wohl nie in der gewünschten Absolutheit erreicht werden können.

Jedoch ergibt sich aus dem KFS heraus im Bereich der Repräsentation die Führungsverantwortung, dass Führungskräfte bei Erkennen von Defiziten bei der zeitgemäßen Ausstattung in ihrem Verantwortungsbereich die notwendigen Verbesserungen bei übergeordneten Führungsebenen einfordern.

4.3.3 Leitbild und kooperatives Führungshandeln

Bei der Umsetzung von Leitbildern wird besonders von Mitarbeitern oft die Kritik geäußert, dass die beschriebenen Zielbilder in einem absehbaren Zeitraum gar nicht erreicht werden können und somit auch als nicht realistisch angesehen werden. Bei aller berechtigten Kritik muss in diesem Zusammenhang darauf hingewiesen werden, dass die im Leitbild beschriebenen Zielfelder den wünschenswerten und anzustrebenden Idealzustand einer Organisation beschreiben, der im Alltag einer Polizeibehörde nur schwer im vollen Umfang zu erreichen ist.
Weiterhin zeigt die Erfahrung, dass Leitbilder als Fundament für die strategische und zukunftsorientierte Ausrichtung einer Polizeibehörde auch deshalb oft abgelehnt werden, weil die Grundaussagen als zu vage und für einen Großteil der Mitarbeiter nicht griffig genug erscheinen.

Aus diesen Gründen wird oft vorgeschlagen, ein Leitbild auf eine reine Orientierungsfunktion zu beschränken und damit nur eine Antwort auf eine möglichst effektive Aufgabenerfüllung zu geben.
Diese eindimensionale Betrachtung wird der Bedeutung des Leitbildes nicht gerecht, da aus den vorausgegangenen Erläuterungen zum Leitbild der Bundespolizei die Wechselwirkung zwischen den Zielfeldern der Kooperativen Führung mehr als deutlich zu Tage getreten ist.

Der größte Nutzen eines Leitbildes für die Mitarbeiter liegt demnach nicht in der Erreichung des im Leitbild beschriebenen Idealzustandes, sondern vielmehr in der sich daraus ergebenden Verpflichtung für Führungskräfte, diesen Weg gemeinsam mit den Mitarbeitern im Interesse der Gesamtorganisation gewinnbringend voranzutreiben.
Wie bereits bei der Betrachtung der Dimensionen der Kooperativen Führung aufgezeigt, wird das Wesen der Kooperativen Führung

mehr durch das Aufzeigen der Wege zur Zielerreichung im konkreten Führungshandeln geprägt als durch die alleinige Vorgabe von Zielen. Daraus ist zu folgern, dass durch die im Leitbild festgelegten Grundsätze gleichzeitig auch die Ziele der Kooperativen Führung als Orientierungsrahmen für das dienstliche Zusammenwirken ihre positive Wirkung entfalten.
Wenn es gelingt, Führungskräfte und Mitarbeiter vom Nutzen des Leitbildes als Orientierungsrahmen für das kooperative Zusammenarbeiten zu überzeugen, wird diese Wirkung dazu beitragen können, den kooperativen Führungsgedanken in der formellen Organisationskultur nachhaltig zu implementieren.

4.4 Kommunikationskultur

Nachdem in den bisherigen Ausführungen die einzelnen Aspekte der Organisationskultur näher beleuchtet wurden, stellt sich nun die Frage, wie diese Inhalte der indirekten Führung in ein konkretes Führungshandeln umgesetzt werden sollen.
In diesem Zusammenhang sollte man sich an das Zitat von *Fabrizio Perini* erinnern, wonach die Kommunikation das Herzstück einer Unternehmenskultur darstellt. Hierbei ist nach Meinung des Verfassers eine Unterscheidung zwischen der strukturellen Kommunikationsstruktur einer Behörde als Orientierungsrahmen und der direkten Kommunikation zwischen Führungskräften und ihren Mitarbeitern im dienstlichen Alltag zu unterscheiden.
Gleichzeitig ist aber auch darauf hinzuweisen, dass beide Aspekte in einer direkten Wechselwirkung zueinander stehen und dadurch die Kommunikationskultur einer Organisation entscheidend prägen.

4.4.1 Interne Organisationskommunikation

Der Begriff der internen Organisationskommunikation beschreibt die strukturelle Vorgehensweise einer Behörde, um die bestehenden, geplanten und visionären Ziele und Strategien der Mitarbeiterschaft zu vermitteln und dadurch die Identifikation mit der Organisation und den getroffenen Entscheidungen zu stärken.

Barthel/Heidemann beschreiben in ihrem Vorschlag zur zeitgemäßen Neuformulierung des Kooperativen Führungssystem in dem Handlungsfeld Kommunikation die Notwendigkeit, in Polizeiorganisationen eine zeitgemäße Kommunikationsarchitektur zu entwickeln. Dabei ist in der Betrachtung des Polizeialltages oft die Erkenntnis feststellbar, dass es in vielen polizeilichen Behörden und Dienststellen nicht grundsätzlich an den notwendigen Informationen mangelt, sondern die Informationssteuerung im Rahmen von Führungsprozessen nicht ziel- und adressatengerecht durchgeführt wird.

Die Informationshemmnisse beruhen danach im mangelnden Informationsfluss in den bestehenden Führungs- und Arbeitsebenen, die durch die Organisationsstruktur vorgegeben sind. Wenn durch einen solchen defizitären Informationsfluss im Organisationsgefüge Missverständnisse oder Gerüchte entstehen, wird es kaum möglich sein, den Führungsprozess noch optimal durchführen zu können. Aus diesem Grund sollten nach *Barthel/Heidemann* in einer zeitgemäßen Kommunikationsarchitektur die Kommunikationsprozesse in einer Polizeiorganisation grundsätzlich so gestaltet werden, dass für alle Organisationsangehörigen die Möglichkeit der Kommunikationsteilhabe eröffnet wird.

Vor diesem Hintergrund sollten erkennbare strukturbedingte Kommunikationsbarrieren zwischen den verschiedenen Führungs- und Arbeitsebenen durchlässiger oder abgebaut werden. Dieses Ziel könnte dadurch erreicht werden, indem ein Rahmen festgelegt wird, wie im Organisationsaufbau auf welchen Informationswegen die erforderlichen Informationen zielgerichtet gesteuert werden. In diesem Zusammenhang sollte für alle Organisationsangehörigen klar nachvollziehbar sein, wie Probleme bearbeitet werden, wie Entscheidungen zustande kommen und wer letztendlich die Entscheidung getroffen hat.

Diese interne Vernetzung der Kommunikationswege in der komplexen Führungsrealität sicherzustellen wird immer mehr zu einer wichtigen Führungsaufgabe. Diese Fähigkeit von Führungskräften stellt eine grundlegende Voraussetzung dar, um den Informationsfluss innerhalb des Führungsprozesses erfolgreich zu gestalten und wesentlich zu einer erfolgreichen Entwicklung der Organisationskultur im Sinne einer Vertrauens- und Fehlerkultur beizutragen.

Die Bedeutung einer professionellen Kommunikationskultur wird bereits in der PDV 100 hervorgehoben, wonach ein erfolgreiches

Führungshandeln eine umfassende Kommunikation und zielgerichtete Informationen erfordert (PDV 100, Ziffer 1.5.3.2).

In der folgenden Darstellung der Führungsfunktionen im Führungsprozess soll die Funktion von Kommunikation und Information bei der Gestaltung des Führungsprozesses in ihrer Bedeutung hervorgehoben werden:

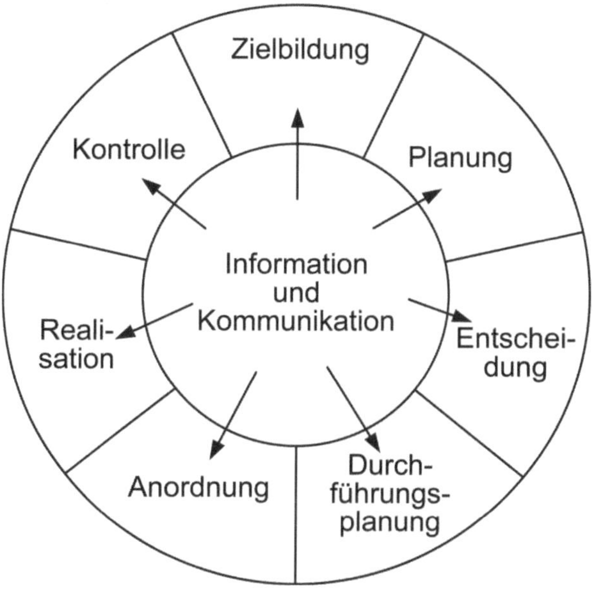

Aus diesem Schaubild wird deutlich, dass die Kommunikation und Information eine zentrale Stellung in der Gestaltung des Führungsprozesses einnehmen.
Die Wahrnehmung der Führungsfunktionen Zielbildung, Entscheidungsplanung, Entscheidung, Durchführungsplanung, Anordnung und zielorientierte Kontrolle kann nur dann durch eine Führungskraft erfolgreich umgesetzt werden, wenn sie in der Lage ist, in der kommunikativen Interaktion mit den Mitarbeitern und der zielgerichteten Informationssteuerung die angestrebten Organisationsziele zu erreichen.

Daraus lässt sich ableiten, dass durch die Qualität und Effektivität der Kommunikationsstrukturen innerhalb einer Organisation letztendlich die Leistungsfähigkeit der Behörde, der Organisationszusammenhalt, der Grad der Mitarbeiter- und Arbeitszufriedenheit

und somit die Gewährleistung der Ziele der Kooperativen Führung entscheidend mitbestimmt werden.
Durch die ausführliche Information über die Verfahrens- und Entscheidungswege innerhalb der Organisationsstrukturen und der Erläuterung von komplexen Gesamtzusammenhängen wird die von den Mitarbeitern gewünschte Transparenz geschaffen.

Auf der Grundlage der geschilderten Gedanken zur internen Organisationskommunikation ergibt sich die Frage, wie im Rahmen der Organisationskultur einer Polizeibehörde eine effektive und glaubhafte Kommunikationskultur implementiert werden kann.
Bevor zu dieser Thematik weitere Überlegungen angestellt werden, sollte man sich als Führungskraft darüber bewusst sein, dass eine Kommunikationskultur nicht verordnet werden kann. Glaubhafte und akzeptierte Kommunikationsstrukturen können nur auf einer breiten Vertrauensbasis in der täglichen Interaktion zwischen Führungskräften und Mitarbeitern in der gemeinsamen Ausgestaltung des Dienstalltages entwickelt werden.

Gleichwohl erscheint es sinnvoll, im Bereich der indirekten Führung die Rahmenbedingungen einer Kommunikationskultur als Orientierungsrahmen für alle Organisationsangehörigen zu beschreiben und nachvollziehbar darzustellen.

Barthel/Heidemann beschreiben den Rahmen und die erforderlichen Eckpunkte einer professionellen Kommunikationsarchitektur folgendermaßen:

- Bildung eines Netzwerkes von regelmäßigen Führungsbesprechungen
- Sicherstellung einer Regelkommunikation, in der die zielorientierte Informationssteuerung festgelegt wird
- Eine regelmäßige Erörterung der Verfahrens- und Entscheidungswege durch die Behörden- und Dienststellenleitung im Rahmen von Dienst- und Mitarbeiterbesprechungen
- Etablieren eines ergänzenden Instrumentariums zur Aufweichung der lateralen und vertikalen Kommunikationsbarrieren durch spezielle Klausurtagungen und Dialogveranstaltungen

Ausgehend von diesen Rahmenbedingungen fällt Führungskräften in allen Führungsebenen die Aufgabe zu, diese Kommunikationsarchitektur mit Leben zu erfüllen. Dieser Anforderung kann im konkreten Führungshandeln mit folgenden Möglichkeiten entsprochen werden:

- Einhaltung der im Rahmen der Kommunikationskultur für die Organisation vorgesehenen Kommunikationswege
- Zielorientierte Informationssteuerung sowohl auf lateralen als auch vertikalen Kommunikationsebenen
- Durchführung von speziellen Klausurtagungen und Workshops zur Strategiebildung, Organisationsentwicklung usw.
- Dialogveranstaltungen in größeren, zielgruppenspezifischen Kreisen, z.B. Strategieklausuren von Führungskräften, Mitarbeiterforen zu wichtigen Themen usw.
- Durchführung von Mitarbeiterbefragungen und Dienstversammlungen
- Regelmäßiger Dialog mit den Personalvertretungen
- Beachtung und Nutzung der informellen Informationswege innerhalb einer Organisation

Alle diese denkbaren Vorgehensweisen werden durch eine glaubhafte Umsetzung zu einer positiven Gesamtwirkung der Kommunikationskultur im Rahmen der strukturell-systemischen Führung beitragen können.
Dadurch wird dem Grundgedanken der Kooperativen Führung hinsichtlich der notwendigen Transparenz und der Beteiligung der Mitarbeiter am Führungsprozess entsprochen. Durch die Implementierung einer professionellen Kommunikationskultur in das Gesamtgefüge der Organisationskultur werden besonders der partizipative und prosoziale Aspekt der Kooperativen Führung berücksichtigt, womit die Gewährleistung der optimalen Aufgabenerfüllung, des Organisationszusammenhaltes und der humanen Arbeits- und Sozialbeziehungen gefördert wird.
Da eine solche Kommunikationsarchitektur wie bereits erwähnt nicht verordnet werden kann, sondern sich entwickeln muss, wäre im Folgenden die Frage zu klären, was Führungskräfte in ihrem konkreten Führungshandeln zu der Entwicklung einer erfolgreichen Kommunikationskultur beitragen können.

4.4.2 Kommunikation im Führungsalltag

Bei der Umsetzung einer glaubhaften Kommunikationskultur kommt es entscheidend darauf an, wie Führungskräfte in ihrem täglichen Führungshandeln diesem Anspruch gerecht werden. Da der Grundgedanke der Kooperativen Führung letztendlich auf die Vertrauensbasis zwischen Führungskräften und Mitarbeitern zurückzuführen ist, spielt die Interaktion im Rahmen der zwischenmenschlichen Kommunikation in diesem Zusammenhang die entscheidende Rolle.

Dieser Umstand sollte durch Führungskräfte im Rahmen der direkten Kommunikation mit allen Organisationsangehörigen immer beachtet werden, weil nur auf dieser Grundlage die notwendige Vertrauensbasis hergestellt und der Führungsprozess erfolgreich gestaltet werden kann.

Aus diesem Grund kommt dem Kommunikationsvermögen sowohl im Bereich der Führungsneigung als auch der Führungseignung eine besondere Bedeutung zu.
Bei der Betrachtung von Führungsproblemen entsteht nach Beobachtung des Verfassers oft die Schwierigkeit, zu erkennen, ob systematische Führungsfehler in den Führungsbereichen wie Vertrauen, Motivation, Konflikt, Autorität und Führungsprozess oder durch die Führungskraft verursachte Kommunikationsfehler die Ursache für diese Probleme darstellen.

Vor diesem Hintergrund erscheint es hilfreich, die durch den Kommunikationswissenschaftler *Paul Watzlawick* formulierten Kommunikationsgrundannahmen als Basis für denkbare Kommunikationsstrategien zu verwenden.

Man kann nicht nicht kommunizieren

Mit diesem Axiom wird die Tatsache beschrieben, dass sobald sich zwei oder mehrere Personen wahrnehmen können, automatisch eine zwischenmenschliche Kommunikation stattfindet. Dies begründet sich auf dem Umstand, dass die Kommunikation nicht nur über die Sprachebene verläuft, sondern größtenteils über andere Kommunikationskanäle erfolgt (z.B. Mimik, Gestik, Körperhaltung, Tonfall usw.).

Aus dieser Erkenntnis heraus müssen Führungskräfte in der kommunikativen Interaktion mit ihren Mitarbeitern stets auch auf die Signale im non-verbalen Bereich (z.B. Mimik, Wegsehen, emotionale Reaktionen usw.) achten, um die gewünschte Wirkung in der Reaktion des Kommunikationspartners zu erkennen und möglicherweise steuernd eingreifen zu können.

Jede Kommunikation hat einen Inhalts- und Beziehungsaspekt

Mit dieser Grundannahme von *Watzlawick* soll zum Ausdruck gebracht werden, dass in jeder Kommunikation neben der Sachinformation (Inhaltsaspekt) auch eine Mitteilung darüber vermittelt wird, wie der Sender seine Botschaft verstanden haben will und wie er seine Beziehung zum Empfänger einordnet (Beziehungsaspekt).
Wenn man in diesem Zusammenhang zusätzlich das Kommunikationsmodell des Psychologen *Friedemann Schulz von Thun* in die Gesamtbetrachtung einbezieht, dann wird die Bedeutung der emotionalen Beziehung zwischen den Kommunikationspartnern mehr als deutlich.
Dieses Kommunikationsmodell wird auch als Kommunikationsquadrat bezeichnet, wonach die zwischenmenschliche Kommunikation auf den folgenden Kommunikationsebenen abläuft:

- Sachebene
- Beziehungsebene
- Appellebene
- Selbstkundgabe

Als Sender einer Nachricht muss man sich in der zwischenmenschlichen Kommunikation darüber bewusst sein, dass man immer auf den beschriebenen vier Kommunikationsebenen kommuniziert. Um widersprüchliche oder missverständliche Nachrichten zu vermeiden, sollte der Sachinhalt durch den Sender klar formuliert und in Übereinstimmung mit Mimik, Gestik und Tonfall gebracht werden.

Der Empfänger nimmt die Nachricht vom Sender in seiner jeweiligen individuellen Situation und Gemütslage auf, deutet sie und bestimmt dann für sich den Inhalt. Bei diesem Vorgang hat der Sender keinen Einfluss darauf, wie der Empfänger die von ihm gesendete Nachricht auf den vier Kommunikationskanälen empfängt und für sich verarbeitet. Über die Dekodierung bestimmt ausschließlich der Empfänger, was oft im Wesentlichen von der jeweiligen Beziehungsebene zwischen Sender und Empfänger abhängt.

Um Missverständnissen vorzubeugen, sind sowohl Sender als auch Empfänger gleichermaßen verpflichtet, eine Rückkopplung hinsichtlich des Nachrichteninhaltes durchzuführen. Ein Sender hat in dieser Situation besonders auf die Reaktion des Empfängers im verbalen und non-verbalen Bereich zu achten, weil er sonst nicht sicher sein kann, dass die gesendete Nachricht vom Empfänger auf allen Kommunikationsebenen so empfangen wurde, wie dies vom Sender beabsichtigt war.

Daraus lässt sich ableiten, dass eine zielgerichtete und erfolgreiche Kommunikation nur dann gelingen kann, wenn zwischen Sender und Empfänger Einigkeit über den Inhalts- und Beziehungsaspekt in der gegenseitigen emotionalen Beziehungssituation herrscht. Sollte eine Führungskraft unklare Botschaften senden, indem sie auf verschiedenen Kommunikationsebenen sich widersprechende Informationen sendet und der Mitarbeiter die Beziehungsebene zum Sender falsch oder negativ interpretiert, so wird ein vertrauensvoller Kommunikationsverlauf nicht möglich sein.
Aus diesem Grund sollte eine Führungskraft bei einer unklaren kommunikativen Beziehungssituation mit dem Mitarbeiter zuerst den Beziehungsaspekt vor dem Sachaspekt klären.

Kommunikation ist immer Ursache und Wirkung

Nach *Watzlawick* verläuft die zwischenmenschliche Kommunikation nicht in linearen Kausalketten, sondern vielmehr kreisförmig, wodurch die Schwierigkeit entsteht, den Anfangs- und Endpunkt der Kommunikation festzulegen.
Gleichzeitig interpretieren Sender und Empfänger im Rahmen der Kommunikation einen Gesprächsverlauf meist in der Weise, wonach das eigene Verhalten als Reaktion auf das Verhalten des anderen verstanden wird. Daraus wird gefolgert, dass die Ursache für das eigene kommunikative Verhalten immer im Verhalten des Kommunikationspartners begründet liegt.
Aus diesen Gründen ist es unerlässlich, dass Führungskräfte in Kenntnis dieser Problematik bei Mitarbeitergesprächen darauf achten, als Ursache und Wirkung des Gesprächsanlasses mit dem Betrof-

fenen die gleichen Sachverhalte zu bestimmen. Gerade im Bereich der unechten Konflikte, wo Konfliktursache und Konfliktgegenstand nicht übereinstimmen, würde bei Nichtbeachtung der beschriebenen Grundannahme der Kommunikation eine erfolgreiche Gesprächsführung nur schwer möglich sein.

Menschliche Kommunikation bedient sich analoger und digitaler Modalitäten

Bei diesem Axiom wird aufgezeigt, dass Informationen im Rahmen der zwischenmenschlichen Kommunikation nicht nur durch das gesprochene Wort („digitale Kommunikation"), sondern auch durch nonverbale oder emotionale Mitteilungsmöglichkeiten („analoge Kommunikation") übermittelt werden. Vor diesem Hintergrund ist zu beachten, dass durch die analoge Kommunikation häufig die Beziehungsebene und mit der verbalen Kommunikation eher die Inhaltsebene im Gesprächsverlauf übermittelt wird.

Eine für Sender und Empfänger zielführende Kommunikation kann vor diesem Hintergrund nur dann sichergestellt werden, wenn es gelingt, die Übereinstimmung zwischen verbaler und non-verbaler Botschaft herbeizuführen. Eine besondere Problematik entsteht immer dann, wenn sich die Nachricht des Senders in den beiden Ebenen mehrdeutig darstellt und deswegen vom Empfänger interpretiert werden muss. In diesem Fall wirkt sich eine gestörte Beziehungsebene zwischen Führungskraft und Mitarbeiter aufgrund einer defizitären Vertrauensbasis besonders schwerwiegend aus, da sich tiefergehende Konflikte entwickeln können.
Die erforderliche Kooperation zwischen Führungskraft und Mitarbeitern im Sinn des Grundgedankens der Kooperativen Führung wird in der Folge kaum zu gewährleisten sein.

Kommunikation ist symmetrisch oder komplementär

Nach Watzlawick werden sich in der symmetrischen Kommunikation die Kommunikationspartner bemühen, mögliche Ungleichheiten auf der Beziehungsebene zu minimieren. In der Kooperativen Führung wird eine möglichst symmetrische Beziehungsebene zwischen Führungskräften und Mitarbeitern angestrebt, die der tendenziell symmetrischen Einflussausübung im Rahmen des partizipativen Aspektes entspricht.

Bei der komplementären Kommunikation ergänzen sich die verschiedenen Denkweisen von Sender und Empfänger und bestimmen somit den weiteren Verlauf des Interaktionsprozesses. Die Beziehungsebene wird dabei von der unterschiedlichen Stellung des Senders und Empfängers geprägt (z.B. Vorgesetzter – Mitarbeiter, Lehrer – Schüler usw.).
Hierbei ist anzumerken, dass auch die komplementäre Kommunikation erfolgreich gestaltet werden kann, wenn offen und auf einer gleichwertigen Beziehungsebene kommuniziert wird.

Zusammenfassend lässt sich feststellen, dass die Kommunikationskultur vor dem Hintergrund der Axiome von *Watzlawick* durch Führungskräfte im alltäglichen Führungshandeln erfolgreich gestaltet werden kann, wenn die Bedeutung des Beziehungsaspektes im Rahmen einer weitestgehend symmetrischen Kommunikation unter Berücksichtigung der verbalen und nonverbalen Kommunikationsaspekte im Kommunikationsverlauf beachtet wird.

4.4.3 Kommunikationsregeln

Die bisherigen Ausführungen zur internen Organisationskultur und zu den Anforderungen an das Kommunikationsvermögen von Führungskräften im dienstlichen Alltag machen deutlich, dass die zwischenmenschliche Kommunikation von komplexen Wechselwirkungen geprägt wird.
Erst durch das zielorientierte kommunikative Verhalten von Führungskräften kann für alle Organisationsangehörigen ein dienstliches Umfeld geschaffen werden, in dem sie sich als gleichwertige Kommunikationspartner anerkannt fühlen und in der Folge auf einer breiten Vertrauensbasis sachorientiert ihren Dienst versehen.

Eine ausgeprägte Kommunikationsfähigkeit stellt eine der wichtigsten Führungsgrundlagen dar, um vertrauensfördernd, konfliktvorbeugend und motivierend auf die Mitarbeiter einwirken zu können. Dadurch wird auch dem Wesen der Kooperativen Führung in der gedanklichen Grundausrichtung umfassend entsprochen.

Um der Komplexität der zwischenmenschlichen Kommunikation gerecht werden zu können, sollten sich Führungskräfte an grundlegenden Kommunikationsregeln orientieren. Die nachfolgend aufgeführten Kommunikationsregeln bzw. -techniken stellen keine abschließende Aufzählung dar, können jedoch jede für sich betrachtet als ein hilfreicher Baustein bei der Kommunikationsdurchführung angesehen werden. Jedoch verbietet sich eine rein statische oder eindimensionale Anwendung dieser Kommunikationsregeln, weil in komplexen Kommunikationssituationen adressaten- und situationsgerecht gehandelt werden muss.

Bedeutung der Sachlichkeit im Kommunikationsverhalten

Im Bereich des professionellen Konfliktmanagements ist stets zu beachten, dass die Kommunikation auf der emotionalen Ebene eine Problem- oder Konfliktlösung sehr erschwert oder gar unmöglich macht. Daher sollten gerade in Konfliktsituationen die Kommunikationspartner darauf achten, dass sie auf der Sachebene verbleiben oder auf diese wieder zurückkehren.
Führungskräfte sind vor diesem Hintergrund aufgefordert, als Gesprächsführende folgende Verhaltensweisen zu beachten:

- Die Problem- oder Konfliktursache muss als ein gemeinsames Anliegen erkannt und formuliert werden
- Die aufgetretenen Problem- und Konfliktbereiche sind wertfrei zu analysieren
- Es sind im Sinne einer positiven Fehlerkultur keine Schuldzuweisungen vorzunehmen

Die Einhaltung der Sachlichkeit in der Kommunikation ist sowohl von Vorgesetzten als auch Mitarbeitern einzufordern, wobei im Rahmen der Führungsverantwortung die besondere Herausforderung auf Führungskräfte zukommt, dieses Prinzip bei der Gesprächsvorbereitung und -durchführung zielorientiert umzusetzen.

Analytisches Zuhören

Der Begriff des analytischen Zuhörens erfordert von den Kommunikationsbeteiligten die Fähigkeit, im Kommunikationsverhalten den Sachinhalt in den Vordergrund zu stellen und sich nicht von Emotionen beeinflussen zu lassen. Dabei sollte insbesondere die Führungskraft die Kommunikation folgendermaßen gestalten:

- Bei unsachlichen Äußerungen des Gesprächspartners sollte man gelassen bleiben und sich nicht provozieren lassen
- Bei emotionalen Angriffen sollte man selbst nicht die Sachebene verlassen
- In den vorgebrachten Argumenten des Kommunikationspartners sollte auf unausgesprochene Forderungen und Rechtfertigungsversuche geachtet werden
- Mimik und Gestik sollte mit dem verbalen Inhalt abgeglichen werden

Aktives Zuhören

Die Fähigkeit zum aktiven Zuhören stellt eine wichtige Grundlage dar, eine für den Kommunikationspartner glaubwürdige und vertrauensvolle Gesprächskultur zu entwickeln. Dies bedeutet, dass sich das Zuhören nicht nur auf das passive Entgegennehmen von Informationen beschränkt, sondern schon beim Zuhören sach- und emotionsbezogene Reaktionen aktiv durch den Zuhörenden erfolgen. Aus diesem Grund sollten Führungskräfte in der Gesprächsführung das aktive Zuhören folgendermaßen umsetzen:

- Im Rahmen der Empathie sollte man sich als Zuhörer in die Stimmungs- und Gefühlslage des Kommunikationspartners hinein versetzen können
- Nach Wahrnehmung der Gefühlslage ist diese Erkenntnis in der weiteren Kommunikationsstrategie angemessen zu berücksichtigen
- Mit eigenen Wertungen, Ratschlägen oder spontanen emotionalen Reaktionen sollte man sich zunächst zurückhalten
- Es sollten nonverbale Signale des Verstehens und Verständnisses ausgesandt werden (z.B. Augenkontakt, eine dem Gesprächspartner zugewandte Gestik und Mimik)
- Die Kernaussagen des Gehörten sollten zusammengefasst und den Gesprächsführenden bestätigt und korrigiert werden

Durch das aktive Zuhören und die gezielte Rückkopplung über den Inhalt des Gehörten wird das Gefühl der Wertschätzung im Beziehungsaspekt der Kommunikation glaubhaft vermittelt. Durch dieses Führungsverhalten wird das Fundament für eine vertrauensvolle Kommunikationsstruktur gelegt, die über die individuelle Interaktion zwischen Führungskräften und ihren Mitarbeitern hinausreicht, weil in der Folge auch positive Wirkungen für die Kommunikationsarchitektur im Rahmen der strukturell-systemischen Führung für die gesamte Organisationskultur erzielt werden.

Feedback

Im Rahmen des Feedbacks wird den Kommunikationspartnern die Möglichkeit eröffnet, eine Rückmeldung über den gesendeten und empfangenen Inhalts- und Beziehungsaspekt einer Nachricht zu übermitteln. Besonders in den Fällen von Missverständnissen und Konflikten kann eine sofortige Rückkopplung zur Entspannung in einer problematischen Kommunikationssituation beitragen.

Vor diesem Hintergrund ist darauf hinzuweisen, dass die Vornahme einer Rückkopplung genauso wichtig ist wie die Entgegennahme einer solchen, ohne darauf verärgert, verstimmt oder abwehrend zu reagieren. Die gewünschte symmetrische Kommunikation nach *Watzlawick* wird nur dann möglich sein, wenn die Möglichkeit der kommunikativen Rückkopplung im Gesprächsverlauf ermöglicht wird.

Das Feedback entfaltet dann in der zwischenmenschlichen Kommunikation seine Wirkung, wenn folgende Aspekte beachtet werden:

- Probleme und Konflikte sollten beschrieben statt bewertet werden
- Emotionen sollten direkt statt indirekt formuliert werden
- Die Gleichwertigkeit der Argumente der Kommunikationspartner muss gewährleistet sein

Die Möglichkeit der Rückkopplung entspricht dem kooperativen Grundgedanken, wonach im partizipativen Aspekt die tendenziell symmetrische Einflussausübung zwischen Vorgesetzten und Mitarbeitern beschrieben wird. Hierbei ist wie bereits dargestellt von der Gleichwertigkeit der Kommunikationsbeteiligten auszugehen, wodurch die Möglichkeit geschaffen wird, eine breite Vertrauensbasis für das positive Zusammenwirken zu entwickeln.

Durch diese kommunikative Vorgehensweise wird es der Führungskraft ermöglicht, die erforderliche Wertschätzung gegenüber den Mitarbeitern zum Ausdruck zu bringen, da diesen die Gelegenheit eröffnet wird, sich konstruktiv-kritisch im kommunikativen Austausch am Führungsprozess zu beteiligen.

Kommunikation fair gestalten

Durch diesen Grundsatz soll zum Ausdruck gebracht werden, dass Führungskräfte im Rahmen ihrer Führungsverantwortung für eine gerechte und für alle Kommunikationsbeteiligten gleichgelagerte Gesprächsführung sorgen müssen.
Um die sich daraus ableitende offene und vertrauensvolle Kommunikation gewährleisten zu können, sollten folgende Aspekte beachtet werden:

- Problembereiche sind gemeinsam zu analysieren und mögliche Lösungswege im gleichwertigen kommunikativen Austausch festzulegen
- Wesentliche Informationen sind insbesondere durch den Gesprächsführenden zu erfragen und in den weiteren Kommunikationsverlauf einzubringen
- Inhaltsbestimmende Äußerungen und Informationen der Kommunikation sind zusammenzufassen
- Über den Gesprächsinhalt ist Vertraulichkeit zu wahren

Metakommunikation

Im Bereich der Metakommunikation geht es um die Frage, wie man grundsätzlich das kommunikative Miteinander gestalten will. Dabei ist oft festzustellen, dass sich die Gesprächsführung in Problem- oder Konfliktsituationen aufgrund einer Beziehungsstörung auf der emotionalen Ebene zwischen den Kommunikationsbeteiligten als sehr problematisch darstellt.
In einem solchen Fall muss die emotionale Beziehungsstörung, die sowohl auf einem echten als auch unechten Konflikt beruhen kann, unbedingt kommunikativ entschärft werden, da ansonsten der erforderliche Gesprächsverlauf auf der sachlichen Kommunikationsebene nicht gewährleistet werden kann.

Falls grundsätzlich jeder Kommunikationsverlauf zwischen Gesprächspartnern über einen sachlichen Gesprächsinhalt in eine Konfliktsituation mündet, sollten Sender und Empfänger losgelöst vom eigentlichen Gesprächsanlass versuchen, eine Lösung ihres Kommunikationsproblems im Bereich des Beziehungsaspektes herbeizuführen.
In einer solchen Situation geht es im Rahmen der Metakommunikation darum, einen Weg zu finden, wie die zukünftige Kommunikation zwischen den Gesprächspartnern möglichst konfliktfrei auf der sachlichen Ebene gestaltet werden kann. Dies bedeutet, dass man einen Konsens darüber herstellen muss, worauf die Konfliktursache basiert, die es unmöglich macht, ein vertrauensvolles Kommunikationsverhältnis herzustellen.
In einem solchen Gespräch über die Gestaltung einer gemeinsamen vertrauensvollen Kommunikationsgrundlage werden von allen Kommunikationsbeteiligten ein hohes Maß an Selbstdisziplin und die Fähigkeit zur Selbstkritik gefordert.

Besonders die Führungskraft muss sich in einer solchen emotional angespannten Situation als Gesprächsführender mit Schuldzuweisungen gegenüber dem Mitarbeiter zurückhalten, wenn dieser sich aufgrund des Über- und Unterordnungsverhältnisses benachteiligt fühlt. In der gemeinsamen Identifizierung der Ursache für ein gestörtes Kommunikations- und Vertrauensverhältnis liegt die große Chance, Missstimmungen oder Missverständnisse im Beziehungsaspekt der Kommunikation auszuräumen und die gewünschte vertrauensvolle Kommunikationsatmosphäre wieder herzustellen.

In der zusammenfassenden Betrachtung der wesentlichen Aspekte einer professionellen Kommunikationskultur wird die Bedeutung für eine wirkungsvolle Umsetzung der Grundgedanken der Kooperativen Führung ersichtlich. Erst durch die Wechselwirkung zwischen der internen Organisationskommunikation im Bereich der indirekten Führung, der professionellen Gestaltung der zwischenmenschlichen Kommunikation im Führungsalltag und der Beachtung von grundlegenden Kommunikationsregeln wird es möglich sein, die Kommunikation zwischen den Menschen innerhalb einer Organisation als elementares Herzstück in der Organisationskultur zu verankern.

Führungskräfte müssen sich in ihrem Führungshandeln über die Wirkungen der Kommunikationskultur auf ihre Mitarbeiter bewusst sein und dies bei der Gestaltung des Führungsprozesses grundlegend berücksichtigen. Auf der einen Seite haben sie die Einflüsse der internen Organisationskommunikation und des eigenen Kommunikationsvermögens zu beachten, auf der anderen Seite müssen mögliche Kommunikationsbarrieren, die sich hinsichtlich des Senders, des Empfängers, des kommunikativen Übertragungsweges oder des Nachrichteninhaltes ergeben können, durch das konkrete Führungshandeln überwunden werden.

Daraus ableitend ist die Feststellung zu treffen, dass nur auf einer vertrauensvollen Kommunikationsgrundlage die Wahrnehmung der Führungsfunktionen im Führungsprozess und die glaubhafte Umsetzung des Kooperativen Führungssystems erfolgreich durchgeführt werden können. Die Beachtung der beschriebenen Kommunikationsgrundlagen begünstigt auf jeden Fall die Gestaltung einer professionellen Gesprächsführung, um adressaten- und situationsgerecht in der zwischenmenschlichen Kommunikation die gewünschte Wirkung zu erzielen.
Durch die beschriebenen Empfehlungen für ein professionelles Kommunikationsverhalten von Führungskräften wird ein wichtiger Beitrag dazu geleistet, die Ziele der Kooperativen Führung zu gewährleisten und gleichzeitig dem Grundgedanken des kooperativen Führungsverständnisses zu entsprechen.

4.5 Fehlerkultur

Vor dem Hintergrund der laufenden Diskussion über die Fortentwicklung des KFS wird es nach Meinung des Verfassers zwingend notwendig sein, grundsätzliche Überlegungen zum Begriff der Fehlerkultur in der Polizei anzustellen. Dabei geht es im Rahmen der Organisationskultur zunächst nicht um den Umgang mit polizeilichem Fehlverhalten in der öffentlichen Diskussion. Vielmehr soll zuerst die Frage in den Mittelpunkt gestellt werden, wie im Rahmen der Organisationskultur im komplexen System einer Polizeibehörde mit Fehlern grundsätzlich umgegangen werden soll.

Die Gestaltung des Führungsprozesses stellt sich für Führungskräfte aufgrund der bereits beschriebenen unterschiedlichen Erwartungshaltungen der verschiedenen Erwartungsträger im dienstlichen Bereich als eine zunehmend komplexere Herausforderung dar. Ein vollständiges Verstehen und Durchdringen des von vielen unterschiedlichen Faktoren geprägten Führungsprozesses hinsichtlich einer vollständigen Abschätzung der sich daraus ergebenden Auswirkungen für die Organisationsangehörigen und Organisationsbereiche ist nur schwer zu leisten.

Aus diesem Grund wird es unvermeidlich sein, dass trotz bester Planung des Führungsprozesses und gewissenhaftester Abschätzung der möglichen negativen Folgen mit Fehlern gerechnet werden muss. Daher müssen Führungskräfte sich mit der Tatsache auseinandersetzen, dass sowohl sie als auch die Mitarbeiter im dienstlichen Zusammenwirken Fehler begehen werden.
Aus dieser Erkenntnis ergibt sich die Frage, wie innerhalb einer polizeilichen Organisation im Rahmen einer Organisationskultur mit Fehlern von Organisationsangehörigen umgegangen werden soll.

Aus dem polizeilichen Grundverständnis heraus werden Fehler grundsätzlich als negativ angesehen, wobei Fehler unter Voraussetzung der Fähigkeit zur Selbstreflexion für Führungskräfte die Möglichkeit eröffnen, das eigene Führungsverhalten zu verbessern.
Um die Reflexion von Fehlern zu ermöglichen, muss daher eine positive Fehlerkultur in polizeilichen Organisationen geschaffen werden.

4.5.1 Grundsätzliche Überlegungen zur Fehlerkultur

Der Begriff der Fehlerkultur bezeichnet einen allgemeinen Handlungsrahmen wie menschliche Gemeinschaften, Gesellschaften und soziale Systeme mit Fehlern, Fehlerrisiken und Fehlerfolgen umgehen. In diesem Zusammenhang erscheint es sinnvoll, auf den Unterschied zwischen der Fehlerkultur und dem Fehlermanagement hinzuweisen.

Während unter dem Begriff Fehlermanagement eine gezielte Steuerung von Aktivitäten im Umgang mit Fehlern durch bestimmte Methoden verstanden wird, bezeichnet der Begriff der Fehlerkultur die Art und Weise, wie eine Organisation mit Fehlern, Fehlerrisiken und den sich daraus ergebenden Folgen umgeht. Aus diesem Grund kann diese als wichtiger Bestandteil der Organisationskultur angesehen werden.

In allen denkbaren Organisationsformen, wo Menschen zusammenarbeiten und somit im Rahmen der Kooperation auch zusammenwirken, wird es unausweichlich auch zu Fehlern kommen.
Dies stellt keine neue Erkenntnis dar, aber aufgrund der bereits beschriebenen Veränderungen in der Gesellschaft wirkt sich die Art und Weise, wie Fehler betrachtet und bewertet werden, zunehmend auf die Leistungsfähigkeit von Unternehmen und Behörden aus.

Während in der Vergangenheit in den westlichen Ländern vor allem der Schwerpunkt auf der Fehlervermeidung lag, wurde in ostasiatischen Regionen die Fehlerkultur mehr durch Fehleroffenheit, Fehlertoleranz und dem Lernen aus Fehlern geprägt. Diese produktiven Fehlerstrategien, die den positiven Umgang mit Fehlern als Möglichkeit der Steigerung von Produktivität und Mitarbeitermotivation verstehen, haben wesentlich zum wirtschaftlichen Erfolg der Unternehmen aus dieser Region beigetragen.
Daraus lässt sich die Frage ableiten, ob es sinnvoll erscheint, in der Gestaltung des Führungsprozesses einen offenen Umgang mit nicht abschätzbaren Risiken und möglichen sich daraus ergebenden Fehlern zuzulassen.

Nach den Überlegungen der Managementberaterin *Elke Schüttelkopf* sollte eine Fehlerkultur auf folgenden drei Säulen basieren:

- Normen und Werte
- Kompetenzen
- Instrumentarien

Im Bereich der Normen und Werte, die Organisationsangehörige miteinander teilen, sollte im Rahmen einer positiven Fehlerkultur die Zusammenarbeit durch eine gelebte Fehleroffenheit und Fehlertoleranz geprägt sein. Der Schwerpunkt im Führungshandeln sollte weniger in einer Fehlervermeidung liegen, sondern vielmehr darauf ausgerichtet sein, wie man aus Fehlern lernen kann.
Wer als Führungskraft offensiv mit eigenen und den Fehlern von Mitarbeitern umgeht, beweist Souveränität und wird sich sowohl fachlich als auch menschlich weiterentwickeln. In diesem Zusammenhang sollte man die These des amerikanischen Psychologen

Laurence Peter beachten, wonach man Fehler vermeidet, in dem man Erfahrung sammelt. Aber Erfahrung kann man nur sammeln, wenn man Fehler macht!
Daraus lässt sich die Erkenntnis ableiten, dass der größte Fehler in der Fortentwicklung einer Organisation und damit auch für die Organisationsangehörigen darin begründet sein könnte, keine Fehler mehr riskieren zu wollen. Die sich daraus ergebenden Folgen hinsichtlich der Innovations- und Leistungsfähigkeit von Organisationen, der optimalen Aufgabenerfüllung, des Organisationszusammenhaltes und der humanen Arbeits- und Sozialbeziehungen sollen im Folgenden näher dargestellt werden.

Im Bereich der erforderlichen Kompetenzen einer Führungskraft für eine erfolgreiche Umsetzung der Fehlerkultur im Führungshandeln muss zuerst darauf hingewiesen werden, dass es nicht darum geht, Fehler bewusst begehen zu lassen oder gar zu verursachen.
In einem komplexen Führungsalltag wird wie bereits beschrieben die Gestaltung des Führungsprozesses immer mit dem Risiko behaftet sein, dass Fehler auftreten können. Die Ursachen von Fehlern können dabei im Führungshandeln selbst, bei Mitarbeitern, in Organisationsmängeln oder schwer einzuschätzenden externen Faktoren begründet sein.

Führungskräfte sollten in der Lage sein, sich dieser Problematik im Bereich der Führungseignung mit den notwendigen personalen, sozialen und methodischen Kompetenzen anzunähern. Vor diesem Hintergrund sind vor allem die folgenden Merkmale anzuführen:

- Kooperationsfähigkeit
- Kommunikationsvermögen
- Organisationsvermögen
- Empathie
- Emotionale Intelligenz

Bei den Instrumentarien stellt sich die Frage, mit welchen Methoden und Mitteln eine wirksame Fehlerkultur in einer Organisation umgesetzt werden soll. Hierbei spielen neben den bereits genannten Kompetenzen der Führungskraft in der personal-interaktiven Führung auch die Möglichkeiten der strukturell-systemischen Führung im Bereich der Organisationskultur eine bedeutende Rolle.

Das Vorhandensein und die Beschaffenheit dieser Instrumentarien bestimmen letztlich darüber, ob eine professionelle Fehlerkultur innerhalb einer Organisation entwickelt werden kann.

4.5.2 Der Begriff des Fehlers

„Der Fehler begleitet den Menschen!“
(Platon, 427-347 v. Chr.)

Wenn man diese Aussage von Platon in den heutigen Führungsalltag überträgt, dann muss man als Führungskraft die Tatsache akzeptieren, dass es im kooperativen Zusammenwirken von Menschen immer zu Fehlern kommen wird. Diese Erkenntnis trifft sowohl auf Führungskräfte als auch auf Mitarbeiter zu.

Wenn man den Begriff des Fehlers definieren will, ergibt sich die Schwierigkeit, dass man sich dieser Thematik aus verschieden Blickwinkeln annähern kann. Je nach Herangehensweise wird dann auch der mögliche Umgang mit Fehlern unterschiedlich gehandhabt werden. Vor diesem Hintergrund könnte man Fehler folgendermaßen beschreiben:

- Ein Fehler ist ein Irrtum
- Ein Fehler ist eine Zielverfehlung
- Ein Fehler ist eine Nichterfüllung einer dienstlichen Vorgabe/ Anforderung
- Ein Fehler ist eine Nichterfüllung einer Rollenerwartung

Aus der jeweiligen Fehlerdefinition heraus ergibt sich möglicherweise schon ein unterschiedlicher Umgang mit den sich daraus ergebenden Folgen. So wird mit Sicherheit mit einem Fehler, der auf einem Irrtum beruht, durch eine Führungskraft nachsichtiger umgegangen, als wenn ein Fehler auf einen Verstoß gegen eine dienstliche Vorgabe zurückzuführen ist.

In der weiteren Betrachtung ist auch zu berücksichtigen, um welche Fehlerart es sich handelt:

- Ergebnisfehler
- Verfahrensfehler
- Verhaltensfehler

Es fällt beispielsweise in der Führungspraxis wesentlich leichter, die Ursache eines Ergebnisfehlers zu identifizieren, als im Gegensatz dazu die Gründe für Verfahrens- und Verhaltensfehler in der komplexen Gemengelage des Führungsprozesses herauszufinden.
Neben der Definition des Fehlers und der Fehlerarten ist in diesem Zusammenhang noch ein weiterer Aspekt zu beachten.

Bei der Frage, wer Fehler verschuldet bzw. die Verantwortung trägt, wurde bereits durch den griechischen Philosophen *Aristoteles* zwischen dem Fehler und der „bösen Tat“ unterschieden.

Nach Aristoteles passieren Fehler aus Versehen oder aufgrund einer Fehlleistung oder sie werden gemacht, wobei die Ursachen auf einem Irrtum, einer Fehleinschätzung oder einer falschen Vorgehensweise beruhen können. Diese menschlichen Fehler entstehen in der Regel nicht durch Vorsatz und werden somit auch nicht verschuldet.

Im Gegensatz dazu steht die von Aristoteles benannte „böse Tat“, bei der durch die mit einem Vorsatz oder Absicht geprägte Vorgehensweise ein Fehler verursacht wird. Vor diesem Hintergrund ist es folglich auch gerechtfertigt, davon auszugehen, dass ein solcher Fehler verschuldet wird.

Beim Umgang mit Fehlern von Mitarbeitern stellt sich nun die Frage, ob diese nun passiert sind oder vorsätzlich verschuldet wurden. Diese Fragestellung lässt sich nicht immer eindeutig beantworten, denn wenn z.B. ein mangelndes Fachwissen zu einem Fehler führt, kann dies in einer nicht ausreichenden Qualifikation des Mitarbeiters, aber auch in dem mangelnden Willen liegen, vorhandenes Fachwissen auftragsgemäß in den Führungsprozess mit einzubringen.
Wenn Führungskräfte davon ausgehen, dass Mitarbeiter grundsätzlich Fehler verschulden, sind Konflikte auf der emotionalen Ebene vorgezeichnet, die zu einer erheblichen Beschädigung der Vertrauens- und Kommunikationsebene führen werden.

Bei Mitarbeitern, die bei durch sie verursachte Fehlern sofort mit Schuldvorwürfen konfrontiert werden, ist davon auszugehen, dass sie in einer emotionalen Abwehrhaltung verharren, um durch Rechtfertigungsversuche einer Sanktion durch ihren Vorgesetzen zu entgehen.
In der weiteren Entwicklung muss sogar davon ausgegangen werden, dass Fehlerursachen bewusst vertuscht oder anderen zugewiesen werden. Dabei ist zu beachten, dass, unabhängig von der Tatsache, ob Fehler passieren oder vorsätzlich begangen werden, die Bestimmung eines Schuldigen meist nicht die Fehlerursache beseitigt.

In einer weiteren Betrachtung ist auch zu klären, wie Führungskräfte mit eigenen Fehlern umgehen sollten. Die Bereitschaft von Mitarbeitern, zu Fehlern zu stehen, wird in dem Maße sinken, wie Führungskräfte versuchen, von eigenen Fehlern abzulenken.

4.5.3 Positive Fehlerkultur

Wenn man sich die bisherigen Ausführungen zum Bereich der Fehlerthematik vergegenwärtigt, dann kommt der Definition hinsichtlich der Vorwerfbarkeit von Fehlern bei der Formulierung einer Fehlerkultur eine zentrale Stellung zu.
Daraus ableitend wird sich eine Fehlerkultur, die im Grundsatz bei einem Fehler von einer vorsätzlichen Vorgehensweise ausgeht, wie folgt beschreiben lassen:

- Die Schuld der Fehlerentstehung wird ohne Berücksichtigung anderer denkbarer Einflussfaktoren dem Fehlerverursacher zugewiesen
- Nach der Identifizierung des Fehlerverursachers erfolgt meist keine grundlegende strukturelle Fehleranalyse, wodurch eine Fehlerwiederholung durch andere wahrscheinlich wird
- Aufgrund entstehender Konflikte auf der emotionalen Ebene sind negative Folgen für die Organisations- und Führungskultur unausweichlich
- Das Vertrauens- und Kommunikationsverhältnis zwischen Führungskräften und Mitarbeitern wird nachhaltig beschädigt.

Ein solcher struktureller Umgang mit Fehlern innerhalb einer Organisation wird als negative Fehlerkultur bezeichnet, weil diese einen destruktiven Umgang mit Fehlern und Fehlerverursachern beinhaltet. In der anglo-amerikanischen Fachliteratur wird auch der Begriff der „Blame Culture" benutzt (*engl. „blame" – Schuld*), wodurch zum Ausdruck gebracht wird, dass die Suche nach einem Schuldigen im Vordergrund steht, ohne strukturelle Einflussfaktoren zu berücksichtigen.

Im Gegensatz zu der beschriebenen Fehlerkultur wird eine positive Fehlerkultur von folgenden Grundprinzipien geprägt:

- In der positiven Fehlerkultur wird der Schwerpunkt auf die Ermittlung der Fehlerursachen statt der Fehlerverursacher gelegt
- Statt der Sanktionierung des Fehlerverursachers steht die Verhinderung der Fehlerwiederholung im Vordergrund
- Durch eine sachliche Fehleranalyse sollen emotionale Folgekonflikte verhindert werden
- Die Fehleranalyse soll in einem kooperativen Kommunikationsrahmen stattfinden
- Im Rahmen einer Risikokultur sollen durch festgestellte Fehler die zielführenden Schlussfolgerungen für eine zukünftige Fehlervermeidung getroffen werden

Im Rahmen der beschriebenen positiven Fehlerkultur sollten Führungskräfte ihren Umgang mit den Mitarbeitern als auch die Gestaltung des Führungsprozesses darauf ausrichten, dass jederzeit ein professioneller Umgang mit auftretenden Fehlern gewährleistet wird.
Wie diese Grundeinstellung hinsichtlich einer positiven Fehlerkultur erfolgreich in ein zielführendes Fehlermanagement umgesetzt werden kann, wird in der Beschreibung von Führungsoptionen noch näher zu erläutern sein.

4.5.4 Kooperative Führung und positive Fehlerkultur

Aus den bisherigen Ausführungen wird ersichtlich, wie eng sich die Wechselwirkungen zwischen einer positiven Fehlerkultur und den Zielen der Kooperativen Führung darstellen.
Durch den professionellen Umgang mit Fehlern wird das notwendige Vertrauens- und Kommunikationsverhältnis im Sinne der Kooperativen Führung zwischen Führungskräften und den Mitarbeitern gestärkt. Durch die gewissenhafte Anwendung der zielorientierten Kontrolle im Rahmen des KFS darf natürlich auch die berechtigte Kritik an Fehlverhalten von Mitarbeitern geübt werden, jedoch sollte das Hauptaugenmerk der Führungskraft auf die Unterstützung des Mitarbeiters bzgl. der zukünftigen Fehlervermeidung und das Erkennen von möglichen strukturellen Fehlerrisiken im Führungsprozess gerichtet sein.
Weiterhin bleiben Führungskräfte aufgefordert, sich im Rahmen der Selbstreflexion stets kritisch mit eigenen Fehlleistungen auseinanderzusetzen. Durch die Wahrnehmung der Vorbildfunktion in diesem Bereich werden die entscheidenden Signale in Richtung der Mitarbeiter gesendet, wie diese mit ihren Fehlern umgehen sollen.

Wenn Führungskräfte selbst nicht zu ihren Fehlern stehen, werden Mitarbeiter auch nicht bereit sein, die Verantwortung für eigene Fehler zu übernehmen. Dies steht in einem direkten Zusammenhang mit dem partizipativen Aspekt der Kooperativen Führung, wonach die wechselseitige Einflussausübung im Rahmen der Kooperation als Grundprinzip des kooperativen Führungshandelns zum Ausdruck gebracht wird.

Durch eine positive Fehlerkultur wird auch die Gewährleistung der einzelnen Zielfelder der Kooperativen Führung in den nachfolgenden Bereichen gefördert:

- Durch eine analytische Fehleranalyse, die ohne eine Schuldzuweisung erfolgt, wird im Zusammenwirken von Führungskräften und Mitarbeitern die zukünftige Fehlerwahrscheinlichkeit in den analysierten Problemfeldern erheblich reduziert. Dadurch wird dem Ziel der optimalen Aufgabeerfüllung entsprochen.
- Durch die von Führungskräften vorzulebende Fehleroffenheit und Fehlertoleranz wird das Vertrauens- und Kommunikations-

verhältnis im gegenseitigen kooperativen Zusammenwirken gestärkt. Dies wird sich positiv in der Gewährleistung des Organisationszusammenhaltes auswirken.

- Durch die Beteiligung der Mitarbeiter am Führungsprozess und der Übertragung von Aufgaben mit der sich daraus ergebenden Handlungsverantwortung, werden mögliche Fehler und Risiken nicht als Belastung, sondern als Chance für eine zukünftige bessere Gestaltung des eigenständigen Verhaltens und der Arbeitsabläufe verstanden. Diese motivierende Wirkung wird zur Steigerung der Mitarbeiter- und Arbeitszufriedenheit beitragen und somit die humanen Arbeits- und Sozialbeziehungen gewährleisten.

Wenn Organisationsangehörigen in allen Führungs- und Arbeitsebenen im Rahmen einer solchen positiven Fehlerkultur in ihrem Handeln Fehler zugestanden werden, ohne gleich negative Sanktionen befürchten zu müssen, dann wird die sich daraus entwickelnde Vertrauensbasis zwischen Führungskräften und Mitarbeitern zu einer nicht unerheblichen Reduzierung des Konfliktpotenzials beitragen.
In der sich zwingend anschließenden gemeinsamen Fehleranalyse sind die persönlichen und strukturellen Fehlerursachen hinsichtlich einer zukünftigen Fehlervermeidung klar zu benennen und Lösungswege aufzuzeigen. Diese Verfahrensweise entspricht dem Wesen der Kooperativen Führung, weil sich in einem solchen Führungsverhalten die Grundsätze und Ziele der Kooperativen Führung widerspiegeln.

5 Prinzipien der Kooperativen Führung

„Ohne Grundsätze ist der Mensch
wie ein Schiff ohne Steuer und Kompass,
das von jedem Wind hin und her getrieben wird."
(Samuel Smiles, englischer Arzt und Sozialreformer, 1812-1904)

Die in den folgenden Ausführungen dargestellten denkbaren Prinzipien sollen dazu beitragen, das Nachdenken von Führungskräften hinsichtlich einer professionellen Umsetzung der Grundgedanken der Kooperativen Führung im individuellen Führungsgedanken zu fördern.
Auf keinen Fall sollen diese Überlegungen als dogmatische Handlungsanweisungen verstanden werden, deren schematische Abarbeitung den Führungserfolg garantieren könnte.

Die dargestellten Prinzipien beruhen auf einer Auswahl von themenbezogenen Literaturquellen, interessanten Diskussionen und einem gewinnbringenden Erfahrungsaustausch mit Führungskräften aus dem polizeilichen Bereich sowie Wirtschaftsunternehmen und Erfahrungen des Verfassers als Inspektionsleiter und Hundertschaftsführer in der Bundespolizei.
Diese grundlegenden Überlegungen stellen sowohl in qualitativer als auch in quantitativer Hinsicht keine abschließende Übersicht dar, weil die Erfahrungshorizonte von Führungskräften durch unterschiedliche Aspekte und Situationen geprägt werden.
Zudem muss im Führungshandeln aufgrund der individuellen Verhaltensweisen und Reaktionen von Mitarbeitern immer auch adressaten- und situationsgerecht reagiert werden können, was eine dogmatische Anwendung von Führungsprinzipien grundsätzlich ausschließt. Trotz dieser Tatsache erscheint es sinnvoll, sich im Führungsalltag an bewährten Führungsprinzipien zu orientieren, um dem Wesen der Kooperativen Führung entsprechen zu können.

5.1 Grundprinzipien für das Verhalten von Führungskräften

a) Führung stellt die Fähigkeit dar, sich vergessen zu machen

Diese zunächst provokant erscheinende These soll dazu dienen, dass sich Führungskräfte über ihr Rollenverständnis im Rahmen der Kooperativen Führung bewusst werden. Die Gewährleistung einer optimalen Aufgabenerfüllung bei gleichzeitiger Schaffung von humanen Arbeits- und Sozialbeziehungen kann nur mit motivierten und eigenständig arbeitenden Mitarbeitern gelingen.

Dieses Ziel kann nur erreicht werden, wenn durch die Beteiligung der Mitarbeiter am Führungsprozess und die Delegation von Aufgaben unter gleichzeitiger Übertragung der sich daraus ergebenden Handlungsverantwortung im Sinne des KFS die nötigen Gestaltungsspielräume für Mitarbeiter eröffnet werden.

Eine ständiges Hineindelegieren oder ein Übermaß an zielorientierten Kontrollen würde sich in diesem Zusammenhang als kontraproduktiv erweisen. Ein angemessenes Führungsverhalten wird anschaulich durch ein Zitat des amerikanischen Präsidenten *Theodore Roosevelt* (1858 – 1919) beschrieben:

„Der beste Chef ist derjenige, der intelligent genug ist, Führungspersönlichkeiten und Mitarbeiter auszuwählen, die seine Ziele erreichen können und genügend Zurückhaltung besitzt, sich nicht einzumischen, während sie arbeiten!“

Vor diesem Hintergrund muss jedoch darauf hingewiesen werden, dass im Rahmen der Führungsverantwortung, die auch im Rahmen des Kooperativen Führungssystems nicht delegierbar ist, bei Erkennen von Störungen und Fehlern im Ablauf des Führungsprozesses zielorientiert gehandelt werden muss. Dies sollte dann im kooperativen Zusammenwirken mit den Mitarbeitern zu einer nachhaltigen Störungs- und Fehlerbeseitigung führen, womit auch den Dimensionen der Kooperativen Führung wieder entsprochen wird.

b) Vertrauen ist die Grundlage der Kooperativen Führung

Im Rahmen des partizipativen Aspektes der Kooperativen Führung erwartet der Mitarbeiter, dass er vertrauensvoll am Führungsprozess beteiligt wird und sein Vorgesetzter sich glaubhaft für seine berechtigten Interessen einsetzt. Im Gegenzug erwartet der Vorgesetzte, dass sich der Mitarbeiter engagiert bei der gemeinsamen Aufgabenerfüllung einbringt und die erteilten Aufträge gewissenhaft umgesetzt werden. Aus dieser gegenseitigen Erwartungshaltung lässt sich die Feststellung treffen, dass in einem intakten gegenseitigen Vertrauensverhältnis niemand benachteiligt oder getäuscht wird.

Nach *Maxwell* wird die notwendige Vertrauensbasis zwischen Führungskräften und den Mitarbeitern durch die Führungskompetenz, die Kooperationsbereitschaft und die Persönlichkeit der Führungskraft geprägt. Diese zeigen sich dann, wenn es Führungskräften gelingt, die eigenen Erwartungshaltungen hinsichtlich eines vertrauensvollen Zusammenarbeitens mit den Erwartungshaltungen der Mitarbeiter in diesem Bereich in Übereinstimmung zu bringen.

Die Erwartungshaltung von Mitarbeitern an Vorgesetzte kann wie folgt beschrieben werden:

- Respektvoller Umgang miteinander
- Wertschätzung der geleisteten Arbeit
- Möglichkeit der Teilhabe am Führungsprozess
- Unterstützung bei persönlichen Problemen
- Eintreten für berechtigte Interessen des Mitarbeiters
- Die Zusammenarbeit sollte auf einer gleichwertigen Kommunikationsebene erfolgen

Die Erwartungshaltung der Führungskraft an die Mitarbeiter wird durch die folgenden Faktoren geprägt:

- Ehrlichkeit und Loyalität in der kooperativen Zusammenarbeit
- Beratung und Unterstützung der Führungskraft durch die Mitarbeiter
- Sozialadäquates Verhalten zur Stärkung des Organisationszusammenhaltes

- Bestmöglicher persönlicher Einsatz zur gemeinsamen Aufgabenerfüllung

Durch Transparenz, Beteiligung der Mitarbeiter am Führungsprozess, Delegation von Aufgaben und der Repräsentation nach innen und außen sollte es Führungskräften möglich sein, im Sinne des KFS die grundlegenden Voraussetzungen für eine ausgeprägte Vertrauensbasis zu schaffen.
In einem solchen positiven Arbeitsumfeld sollte zur Gewährleistung dieser Vertrauensbasis durch die Beteiligten alles unterlassen werden, wodurch diese gegenseitige Beziehungs- und Vertrauensebene gestört oder beschädigt werden könnte.

Um dieses Ziel zu erreichen, sollten Führungskräfte die folgenden vertrauensbildenden Verhaltensweisen im Führungsalltag zeigen:

- Die Mitarbeiter sollten durch ein transparentes Kommunikationsverhalten ehrlich, vollständig und vor allem rechtzeitig über die relevanten Angelegenheiten unterrichtet werden, die ihre persönlichen Belange und ihr dienstliches Umfeld berühren.
- Bei persönlichen Problemen der Mitarbeiter sollten Vorgesetzte mit der erforderlichen Sorgfalt und Empathie auf diese zugehen, ihnen zuhören und im Rahmen ihrer Möglichkeiten die notwendige Hilfe und Unterstützung anbieten.
- Grundlegende Entscheidungen, die unmittelbar die Interessen der Mitarbeiter berühren, sind erst dann zu treffen, wenn die Meinungen der betroffenen Mitarbeiter eingeholt und im Entscheidungsprozess angemessen berücksichtigt wurden.
- Allen Verhaltensweisen von Organisationsangehörigen, die das soziale Gesamtgefüge und den sozialen Status des einzelnen Mitarbeiters schädigen, ist durch die Führungskraft entschieden entgegen zu treten.
- Die Gestaltung des Führungsprozesses durch Führungskräfte sollte durch Transparenz der Führungsmaßnahmen, Beteiligung der Mitarbeiter, Delegation von Aufgaben und der Repräsentation des eigenen Dienstbereiches sowohl nach innen als auch nach außen geprägt sein.

- Zielorientierte Kontrollen sollten adressaten- und situationsangemessen nur dann erfolgen, wenn Störungen oder Fehlerrisiken sich nachteilig auf den Führungsprozess auswirken könnten.
- Bei Konflikten sollte die kooperative Führungskraft gegenüber allen Mitarbeitern fair und höflich bleiben.

Wenn Führungskräfte von den geschilderten kooperativen Verhaltensweisen abweichen, wird dies in der weiteren Entwicklung zu einem schwerwiegenden Vertrauens- und Autoritätsverlust führen, der nur schwer wieder behoben werden kann. In einem solchen dienstlichen Umfeld wird es kaum möglich sein, die angestrebte gemeinsame Aufgabenerfüllung vor dem Hintergrund der anzustrebenden humanen Arbeits- und Sozialbeziehungen zu gewährleisten.

c) Die Autorität einer Führungskraft basiert auf der Führungskompetenz

Diese Feststellung gilt grundsätzlich im Führungsalltag, jedoch nimmt sie in ihrer grundlegenden Bedeutung bei der Umsetzung der Kooperativen Führung einen besonderen Platz ein. Mit dem Begriff der Autorität wird die Fähigkeit beschrieben, die Zustimmung der Umwelt für das eigene Handeln zu gewinnen, auf diese einzuwirken und sie zu führen.
Die Autorität einer Führungskraft setzt sich vor diesem Hintergrund aus der Amts-, fachlichen und persönlichen Autorität zusammen.

Bevor diese drei einzelnen Autoritätsarten beschrieben werden, soll das folgende Zitat von *Wilhelm von Humboldt* (1767-1835) als denkbarer Orientierungspunkt vorangestellt werden:

„ Wirke auf andere durch das, was Du bist!“

Die **Amtsautorität** beschreibt die Macht, durch die Übertragung eines Amtes (z.B. Amtsbezeichnung, Übertragung eines Dienstpostens) den eigenen Willen gegenüber anderen durchzusetzen. Die Amtsautorität wird durch den Dienstherrn verliehen und ermächtigt Vorgesetzte, im jeweiligen dienstlichen Verantwortungsbereich Entscheidungen zu treffen und Kontrollmaßnahmen durchzuführen.

Die **Fachautorität** bezeichnet das Ansehen, welches die Führungskraft aufgrund ihres Fachwissens bei Mitarbeitern, Kollegen und Vorgesetzten besitzt und deshalb zuerkannt wird. Dabei ist es wichtig, dass Führungskräfte in der Lage sind, das Fachwissen im Rahmen der Methodenkompetenz auch adressaten- und situationsgerecht umsetzen zu können.

Die **personale Autorität** beschreibt das Ansehen, das ein Vorgesetzter als Mensch und Persönlichkeit besitzt. Diese Autorität, die von der dienstlichen Umwelt zuerkannt wird, gründet sich auf einer ausgeprägten sozialen und persönlichen Kompetenz, die sich insbesondere in der Fähigkeit zur Kommunikation, Kooperation, Integrität und einem guten Einfühlungsvermögen ausdrückt. Die erforderliche personale Autorität wird Führungskräften von Mitarbeitern nur dann zuerkannt werden, wenn sie den Vorgesetzten auf einer tragfähigen Vertrauensbasis als Mensch achten und respektieren.

Wenn vor dem Hintergrund der Beschreibung der Autoritätsarten die Aussage von Wilhelm von Humboldt näher betrachtet wird, stellt sich die Frage, mit welcher Autorität Führungskräfte am besten auf andere wirken können. Durch die Beschreibung der Autoritätsarten wird schnell deutlich, dass die Amtsautorität keine nachhaltige Wirkung auf andere erzielen kann, da sie nur die Position eines Vorgesetzten im Organisationsgefüge mit den sich daraus ergebenden Befugnissen beschreibt.

Aus diesem Grund wird schnell ersichtlich, dass sich Führungskräfte auf die Zuerkennung der fachlichen und persönlichen Autorität zu konzentrieren haben. Erst durch ein kompetentes Führungsverhalten im fachlichen, methodischen, sozialen und persönlichen Bereich kann sich die notwendige Vertrauensbasis bilden, um gemeinsam mit den Mitarbeitern die Ziele der Kooperativen Führung zu erreichen.

An dieser Stelle muss mit Nachdruck darauf hingewiesen werden, dass dieses zuerkannte Vertrauen in Form der fachlichen und persönlichen Autorität im alltäglichen Führungshandeln zu bestätigen ist, da es ansonsten auch schnell wieder aberkannt werden kann.

Mit einer ausgeprägten fachlichen und personalen Autorität wird die Führungskraft in die Lage versetzt, in Bereich der partizipativen

und prosozialen Dimension der Kooperativen Führung als Persönlichkeit auf andere kooperativ einzuwirken und somit auch den Grundgedanken der Kooperativen Führung gerecht zu werden.
Der ehemalige amerikanische Außenminister Colin Powell hat seine Vorstellung hinsichtlich einer anzustrebenden Autorität des Vorgesetzten wie folgt beschrieben:

„Die Autorität einer Führungskraft ist dann vollkommen, wenn die Menschen ihr überall hin folgen, und sei es aus Neugier!"

Es bleibt abschließend festzuhalten, dass zwischen dem notwendigen Vertrauen und den erforderlichen Führungskompetenzen einer Führungskraft eine unmittelbare Wechselwirkung besteht, die im konkreten Führungshandeln berücksichtigt werden muss, damit es Führungskräften gelingen kann, den Führungsprozess erfolgreich im Sinne der Kooperativen Führung zu gestalten.

d) Die Balance im komplexen Führungsalltag

Die Komplexität des Führungsalltages wurde bereits als Wirkungsgeflecht von verschiedenen Einflussfaktoren auf den Führungsprozess beschrieben. Für die Lösung einer solchen komplexen Problemstellung benötigt man wie bereits dargestellt Führungskräfte, die in der Lage sind, im Rahmen des Systemansatzes die richtigen Lösungsansätze zu erkennen und die richtigen Schritte bei der Gestaltung des Führungsprozesses zu unternehmen.

Wenn man die Balance als einen Zustand beschreiben würde, in dem entgegengesetzt wirkende Kräfte gleich stark im Gleichgewicht gehalten werden, spiegelt sich in dieser Aussage eine grundsätzliche Problematik des Führungsalltages wider.
Sowohl im Bereich der gleichrangig nebeneinander stehenden Zielfelder der Kooperativen Führung als auch bei der Beachtung der verschiedenen Dimensionen des kooperativen Führungshandelns fällt der Führungskraft die Aufgabe zu, verschiedene Erwartungshaltungen von Organisationsangehörigen in einem angemessenen Gleichgewicht zu halten.

Dies bedeutet, dass sowohl die optimale Aufgabenerfüllung als auch die Gewährleistung des Organisationszusammenhaltes und die

Schaffung humaner Arbeits- bzw. Sozialbedingungen bei der Gestaltung des Führungsprozesses in einem ausgewogenen Verhältnis zueinander stehen müssen.
Eine ständige Überbetonung eines Zielfeldes oder einer Dimension der Kooperativen Führung kann das im kooperativen Grundgedanken verankerte Gleichgewicht dieser verschiedenen Führungsaspekte derart aus der Balance bringen, dass in der Folge ein schwerwiegender Vertrauens- und Autoritätsverlust mit hoher Wahrscheinlichkeit zu erwarten ist.

Neben dieser Problematik ist zusätzlich noch die zu erwartende steigende Geschwindigkeit der Veränderungsprozesse in vielen gesellschaftlichen Bereichen zu berücksichtigen, die als weitere Herausforderungen für die Gestaltung des Führungsprozesses hinsichtlich der Aufgabenerfüllung und der Mitarbeiter- bzw. Arbeitszufriedenheit zu beachten sind.
In diesem Zusammenhang gilt es zu bedenken, ob man mit den Lösungsansätzen der Vergangenheit und der Gegenwart den zukünftigen geschilderten Anforderungen (z.B. Einsatzbelastung aufgrund nicht absehbarer politischer Entwicklungen, Vereinbarkeit von Familie und Beruf, Auswirkungen der demografischen Entwicklung usw.) noch gerecht werden kann.
Im Rahmen der Führungsverantwortung müssen Führungskräfte Überlegungen anstellen, wie sie unter Beachtung des Gleichgewichtes der verschiedenen Führungsaspekte dieser Herausforderung in der Gestaltung ihres Führungsprozesses begegnen wollen.
Es ist davon auszugehen, dass in der Prognose zukünftiger Entwicklungen die Führungskräfte erfolgreich sein werden, die es verstehen, in einem komplexen Führungsalltag unter Wahrung der Balance der verschiedenen Führungsaspekte die Übersicht zu behalten und daraus ableitend die richtigen Entscheidungen treffen.

e) Kooperative Führung und Konfliktmanagement

Neben der Gestaltung des Führungsprozesses vor dem Hintergrund der Zielfelder der Kooperativen Führung gründet sich die Notwendigkeit von Führung vor allen Dingen auf der hohen Wahrscheinlichkeit von Konfliktsituationen im menschlichen Zusammenwirken während des dienstlichen Alltages. Hierbei ist zunächst festzustellen, dass Konflikte auf der sachlichen Ebene nicht grundsätzlich als

negativ anzusehen sind, da im sachlichen Austausch von Argumenten und Ideen immer die Möglichkeit eröffnet wird, eine Verbesserung oder sogar Lösung der Konfliktsituation zu erreichen.
Wenn jedoch emotionale oder wertmäßige Konfliktsituationen entstehen oder unechte Konflikte erkennbar werden, sind Führungskräfte aufgefordert, im Interesse der Mitarbeiter, der Organisation und im eigenen Interesse im Rahmen eines professionellen Konfliktmanagements die notwendigen Schritte zur Konfliktminderung oder Konfliktlösung einzuleiten.

Als Leitlinie für die Notwendigkeit eines Eingreifens durch die Führungskraft in Konfliktsituation sollte die grundsätzliche Überlegung dienen, ob durch den erkannten Konflikt zwischen Mitarbeitern bzw. zwischen Vorgesetzten und Mitarbeitern die Ziele der Kooperativen Führung gefährdet sind. Sollten sich aus der Konfliktsituation heraus negative Folgen für die Aufgabenerfüllung, den Organisationszusammenhalt oder die humanen Arbeits- und Sozialbeziehungen ergeben, ergibt sich im Rahmen der Führungsverantwortung für jede Führungskraft ein akuter Handlungsbedarf.

Im Bereich der emotionalen oder wertmäßigen Konflikte ergeben sich für die Beziehungs- und Kommunikationsebene der beteiligten Organisationsangehörigen erhebliche Belastungen, die im weiteren Verlauf zu einer erheblichen Beeinträchtigung der qualitativen und quantitativen Aufgabenerfüllung innerhalb der Organisation, aber auch im Bereich der Mitarbeiter- und Arbeitszufriedenheit führen können.
Bei der Entstehung von unechten Konflikten, bei der die Konfliktursache und der eigentliche Konfliktgegenstand nicht identisch sind, besteht die Gefahr, dass nur Konfliktsymptome durch die Führungskraft bekämpft werden. Da aber die eigentliche Konfliktursache nicht beseitigt wird, muss damit gerechnet werden, dass der Konflikt weiter schwelt und in der Folge sich an neuen Konfliktgegenständen wieder entzündet.
Eine solche Entwicklung wird ebenfalls zu einer erheblichen Beeinträchtigung des kooperativen Zusammenwirkens im dienstlichen Alltag führen.

Aus diesem Grund sollten Führungskräfte über profunde Kenntnisse eines geeigneten Konfliktmanagements verfügen, um negative Auswirkungen auf den von ihnen gestalteten Führungsprozess abwenden zu können.

Ein professionelles Konfliktmanagement lässt sich generell durch die vier folgenden Handlungsschritte darstellen:

- Ein Konflikt muss frühzeitig durch die Führungskraft in seinem möglichen Ausmaß auf die Zielfelder der Kooperativen Führung erkannt werden.
- Neben dem Erkennen ist es wichtig, dass Vorgesetzte im Rahmen ihrer Führungsverantwortung auch den Willen zeigen, geeignete Schritte zur Konfliktvorbeugung, Konfliktminderung und Konfliktlösung einzuleiten.
- Der Konflikt sollte hinsichtlich der Konfliktursache, der Konfliktdimension und der Konfliktart umfassend analysiert werden, um Lösungsansätze entwickeln zu können.
- Die aus der Konfliktanalyse zu entwickelnden Lösungsoptionen sind in der Folge in konkrete Führungsmaßnahmen umzusetzen.

Vor dem Hintergrund der Konfliktbewältigung wird die Bedeutung einer tragfähigen Vertrauens- und Kommunikationskultur einmal mehr deutlich, weil in den meisten Fällen ein Konfliktlösungsgespräch erforderlich wird, das von der Führungskraft zielgerichtet geplant und gestaltet werden muss. Ein solches Konfliktlösungsgespräch sollte in folgenden Phasen ablaufen:

- Es sollte die Möglichkeit eingeräumt werden, dass sowohl der Mitarbeiter als auch der Vorgesetzte die jeweilige individuelle Position in der Konfliktsituation klar darstellen kann.
- Es muss eine gemeinsame Definition und Identifikation der Konfliktsituation hinsichtlich der Konfliktursache, der Konfliktdimension und der Konfliktart angestrebt werden.
- Der gesprächsführenden Führungskraft fällt die Aufgabe zu, kommunikativ den Konflikt auf die sachliche Ebene zu verlagern.
- Die Möglichkeiten der Konfliktlösung sind möglichst gemeinsam im Rahmen einer Zielvereinbarung aufzuzeigen und verbindlich festzulegen.

- Die angestrebte Konfliktlösung ist im Verlauf des Führungsprozesses durch die Führungskraft in ihrer Wirkung zu beobachten und zielorientiert zu kontrollieren.

Da Konflikte im dienstlichen Alltag jederzeit auftreten können und manchmal trotz bestem kooperativen Führungsverhalten unvermeidlich sind, ergibt sich für Führungskräfte im Rahmen ihrer Führungsverantwortung die Handlungsverpflichtung, auf einer soliden Vertrauens- und Kommunikationskultur im Bereich des Konfliktmanagements ein kompetentes Führungsverhalten zu zeigen.

Ein Nichthandeln in oder ein Ausweichen vor Konfliktsituationen stellt keine zielführende Handlungsoption für Führungskräfte dar, weil ein solches Verhalten zu einem massiven Vertrauens- und Autoritätsverlust führen würde und dadurch die Ziele der Kooperativen Führung erheblich gefährdet werden.
In diesem Zusammenhang muss mit Nachdruck darauf hingewiesen werden, dass gerade in Konflikten oder sonstigen Krisensituationen, Führungskräfte den Erwartungshaltungen von allen Organisationsangehörigen entsprechen müssen, auch in schwierigen Situationen den Überblick zu behalten und Lösungswege aufzuzeigen.

Schon der römische Philosoph und Staatsmann Lucius Seneca (4 v. Chr. - 65 n. Chr.) brachte diese Erwartungshaltung an Führungskräfte mit den folgenden Worten zum Ausdruck:

„Den guten Steuermann lernt man erst im Sturme kennen!"

f) Kooperative Führung und Fehlermanagement

Die günstigen Wirkungen einer positiven Fehlerkultur hinsichtlich einer anzustrebenden hohen Leistungsfähigkeit aller Organisationsangehörigen und einer damit verbundenen nachhaltigen Mitarbeiter- und Arbeitszufriedenheit wurden bereits umfassend beschrieben. Aus dieser grundsätzlichen Feststellung ergibt sich die Frage, wie Führungskräfte eine solche Fehlerkultur in ihrem Führungsverhalten zum Ausdruck bringen können.

Aus Sicht der Mitarbeiterschaft ist es dabei von Bedeutung, wie Vorgesetzte mit eigenen und den Fehlern der Mitarbeiter grundsätzlich umgehen. Dabei ist es entscheidend, ob die Fehler als vorwerfbare Handlungen oder als wertvolle Erfahrungen zur künftigen Fehlervermeidung verstanden werden, zu denen man stehen muss. Die Einstellung von Führungskräften zum Umgang mit Fehlern wird den Mitarbeitern als Orientierung dienen, ob sie die Verantwortung für eigene Fehler übernehmen und in der Folge die richtigen Schlussfolgerungen für eine zukünftige Fehlervermeidung ziehen. Ein entsprechendes Fehlermanagement sollte daher vonseiten der Führungskraft nach Meinung des Verfassers durch folgende Faktoren geprägt sein:

- Das Erkennen und die Beseitigung der Fehlerursachen müssen im Führungshandeln immer im Vordergrund stehen, da die Bekämpfung von Fehlersymptomen die latente Gefahr eines unechten Konfliktes in sich trägt.
- Die Suche nach den Fehlerursachen hat Vorrang vor der Identifikation von Fehlerverursachern, wobei grundsätzlich zu klären ist, ob der Fehler beim Mitarbeiter oder an organisatorischen Gegebenheiten liegt.
- Im Rahmen der Vorbildfunktion sollte sich jede Führungskraft hinterfragen, ob ihr Führungshandeln risiko- oder sicherheitsorientiert ausgerichtet ist.
- Nach Erkennen von Fehlern sollten folgende Schritte zu einer systematischen Fehlerabstellung unternommen werden:
  - Eine umfassende gemeinsame Fehleranalyse mit möglichen Fehlerverursachern.
  - Die Einleitung von unabdingbaren Sofortmaßnahmen zur Fehlerbehebung, falls bei Nichthandeln die Ziele der Kooperativen Führung gefährdet würden.
  - Nach einer umfassenden Ursachenanalyse hinsichtlich der Fehlerentstehung sollten wirksame Führungsmaßnahmen zur Fehlerabstellung getroffen werden.
  - Die Wirksamkeit der getroffenen Führungsmaßnahmen zur Fehlervermeidung ist im Rahmen der zielorientierten Kontrolle zu überprüfen.

Diese Vorgehensweise im Fehlermanagement beinhaltet alle denkbaren Handlungsoptionen im Rahmen des KFS, d.h. die adressaten- und situationsgerechte Anwendung der Transparenz, der Beteiligung der Mitarbeiter am Führungsprozess, der Delegation, der Repräsentation des eigenen Dienstbereiches, der zielorientierten Kontrolle und der objektivierten Leistungsbewertung.

Durch ein solches Führungshandeln wird den Mitarbeitern das erforderliche Verständnis hinsichtlich der Fehlerursachen entgegengebracht und in gleichem Maße aber auch die geleistete Arbeit gewürdigt. Eine sachliche Vorgehensweise im Umgang mit Fehlern mit der Zielrichtung einer zukünftigen Fehlervermeidung zeugt von einer nachhaltigen Führungsverantwortung, die dem Wesen der Kooperativen Führung entspricht.

g) Das Selbstverständnis einer Führungskraft

Um den Erwartungshaltungen der Organisationsangehörigen im Sinne der Kooperativen Führung zu entsprechen, sollte eine Führungskraft ihr Führungsverhalten an den beschriebenen Führungsprinzipien ausrichten.

Diese garantieren noch nicht die erfolgreiche Gestaltung des Führungsprozesses, jedoch stellen sie die maßgebliche Grundlage dar, dass die notwendige Vertrauens-, Führungs- und Kommunikationskultur entstehen und gewährleistet werden kann.
Nach *Maxwell* sollten Führungskräfte gerade in kritischen Führungssituationen mehr, weiter und die wichtigen Dinge früher als andere sehen, um so absehbaren negativen Entwicklungen frühzeitig und wirkungsvoll durch geeignete Führungsmaßnahmen entgegentreten zu können. Aus diesem Selbstverständnis heraus ergeht an Führungskräfte im Rahmen ihrer Vorbildfunktion die Verpflichtung, in problematischen Situationen den Überblick zu wahren und für ihre Mitarbeiter tragfähige Lösungswege aufzuzeigen.

Besonders vor dem Hintergrund der Grundsätze der Kooperativen Führung haben Führungskräfte in dienstlichen Krisensituationen für die Interessen der Mitarbeiter einzustehen und müssen als Ansprechpartner zur Verfügung stehen, um die geeigneten Lösungswege miteinander zu gestalten. Dieses kooperative Führungsverhalten stellt die Grundvoraussetzung dar, um die notwendige Vertrauens- und Organisationskultur zu gewährleisten, den Zielen der Kooperativen Führung zu entsprechen und die erforderliche Führungsautorität von den Organisationsangehörigen zuerkannt zu bekommen.

5.2 Grundprinzipien der Organisationskultur

Die Bedeutung der Organisationskultur für die Umsetzung der Grundgedanken der Kooperativen Führung wurde bereits ausführlich dargestellt. Hierbei geht es in erster Linie darum, vor dem Hintergrund der strukturell-systemischen Führung die Rahmenbedingungen festzulegen, in der die Führungskräfte im konkreten Führungshandeln die Leitgedanken der Kooperativen Führung umsetzen können.
In diesem Zusammenhang soll nochmals daran erinnert werden, dass sowohl die formelle als auch die informelle Organisationskultur die Gesamtheit des gewachsenen Meinungs-, Normen- und Wertegefüges darstellt, woran sich alle Organisationsangehörigen orientieren sollten.
Die nachfolgend aufgeführten Grundprinzipien sollten nach Meinung des Verfassers bei der Gestaltung einer Organisationskultur im kooperativen Sinne beachtet werden, um eine größtmögliche Akzeptanz bei allen Organisationsangehörigen zu erreichen. Dabei sei der Hinweis erlaubt, dass dies wie bei den Grundprinzipien für Führungskräfte im Bereich der personal-interaktiven Führung keine abschließende Aufzählung darstellen kann, sondern dazu dienen soll, die bestimmenden Schwerpunkte der Organisationskultur als Orientierungsrahmen aufzuzeigen.

a) Die Grundlagen einer Organisationskultur

Nach *Wunderer* beeinflusst die Organisationskultur eines Unternehmens oder einer Behörde in einem erheblichen Ausmaß das Kooperationsverhalten der Organisationsangehörigen. Aus diesem Grund sollten die folgenden vier zentralen Faktoren einer Organisationskultur an einem kooperativen Werte- und Normengerüst ausgerichtet werden:

- Kultur
- Strategie
- Organisation
- Personal

Kultur

Die Behörden-, Führungs- und Kooperationskultur umfasst im Kern die zentralen in der jeweiligen Organisation erwünschten und gelebten Werte. Diese formellen und informellen Wertvorstellungen prägen wiederum die Organisationskultur in den Bereichen Strategie, Organisation und Personal.
In der Organisationskultur sollten für alle Organisationsangehörigen nachvollziehbar die wesentlichen Eckpunkte der Behörden- und Führungsphilosophie und der für die jeweilige Organisation gültige grundsätzliche Werterahmen festgelegt werden.
Im Rahmen der strukturell-systemischen Führung kann dies beispielsweise durch ein Leitbild erfolgen. Die Wechselwirkung eines Leitbildes mit den Grundprinzipien der Kooperativen Führung wurde bereits anhand des Leitbildes der Bundespolizei ausführlich beschrieben, wobei grundsätzlich darauf zu achten ist, dass alle Organisationsangehörigen bei der Erstellung und Weiterentwicklung beteiligt werden sollten.

Wenn ein solches Leitbild im kooperativen Sinne eine nachhaltige Wirkung erzielen soll, dann sollten die Leitgedanken sich an den Zielen der Kooperativen Führung ausrichten, da nur dadurch strukturell für alle Organisationsangehörigen die Möglichkeit eröffnet wird, im Kontext der formellen Organisationskultur die notwendige Vertrauens- und Kommunikationskultur zu entwickeln. Dabei ist in diesem Zusammenhang wieder auf die Verpflichtung der Führungskräfte hinzuweisen, dass diese formellen Vorgaben eines solchen auf kooperativen Grundsätzen beruhenden Leitbildes vorbildhaft in das eigene Führungsverhalten umzusetzen sind.

Weiterhin ist zu berücksichtigen, dass jeder Organisationsangehörige neben den Organisationswerten auch noch seine persönlichen Wertvorstellungen verfolgt, die sich wiederum im Rahmen der informellen Organisationskultur auswirken können.

Deshalb sollte jede Organisations- und Führungskultur im Kontext mit gesellschaftlichen Entwicklungen und den sich daraus ergebenden aktuellen Werteströmungen, z. B. zunehmende Bedeutung der Vereinbarkeit von Familie und Beruf, die notwendige Flexibilität der Weiterentwicklung aufweisen.

Strategie

Wie bereits dargelegt, stellt eine Unternehmensstrategie das betriebswirtschaftliche Konzept für das zukünftige unternehmerische Handeln dar. Nach *Wunderer* verbindet die strategische Führung die auf dem Wertegerüst einer Organisation beruhenden Zielentscheide mit einer möglichst konsistenten Führungspolitik mit den dafür geeigneten Führungsinstrumenten. Wenn beispielsweise die Selbständigkeit und Selbstverantwortung der Mitarbeiter einen hohen Stellenwert in der Organisationskultur einnehmen soll, wäre es angebracht, in der Führungskultur ein mitarbeiterorientiertes Führungsverhalten festzulegen.

Als Beispiel für die Darstellung eines solchen mitarbeiterorientierten Führungsverhaltens im Rahmen der strukturell-systemischen Führung können die folgenden Grundregeln für Führungskräfte des Technologiekonzerns 3M herangezogen werden:

- Schaffen Sie Denkräume für Ihre Mitarbeiter
- Heben Sie Denkverbote auf
- Erlauben Sie Fehler
- Fördern Sie intensive Kommunikation
- Werden Sie Coach für Innovation
- Rechnen Sie mit Innovationshürden

Wenn man sich in diesem Zusammenhang nochmals die Bestimmungen der PDV 100 in Erinnerung ruft, wonach Strategien polizeilicher Entscheidungsträger notwendig für die Fortentwicklung von Polizeiorganisationen sind, wird die Bedeutung der strategischen Ausrichtung hinsichtlich der innovativen Weiterentwicklung von Polizeiorganisation schnell ersichtlich.

Im Bereich der Bundespolizei wird durch das bereits vorgestellte Leitbild beispielsweise der Aspekt der mitarbeiterorientierten Führung dadurch beschrieben, dass die Eigenverantwortung aller Organisationsangehörigen auf allen Ebenen durch kooperative Führung zu fördern ist. Es reicht jedoch nicht aus, dass solche strategische Vorgaben für alle nachvollziehbar in der Organisationskultur verankert werden, vielmehr müssen Führungskräfte in der Lage sein, diese strategischen Vorgaben in verschiedenen strategischen Ziel-

feldern (z.B. Ergebnisse, Personal, Ressourcen, Prozesse usw.) durch ihr individuelles Führungshandeln im Führungsalltag umzusetzen.
Bei der Gestaltung des Führungsprozesses ist weiterhin zu beachten, dass aufgrund des bereits geschilderten komplexen Wirkungsgeflechtes diese verschiedenen Strategieaspekte in einem angemessenen Gleichgewicht zueinander gehalten werden müssen.
Bei der beschriebenen mitarbeiterorientierten Führungsausrichtung vor dem Hintergrund einer dementsprechend formulierten Organisationskultur sollte man sich an den Grundgedanken der Kooperativen Führung orientieren.
Die optimale Aufgabenerfüllung und die Schaffung humaner Arbeits- und Sozialbeziehungen als Zielfelder auf der einen Seite, die Beachtung der partizipativen und prosozialen Dimension durch die erforderliche Transparenz und Beteiligung der Mitarbeiter auf der anderen Seite eröffnen Führungskräften die Möglichkeit, strategische Vorgaben im Rahmen der systemisch-strukturellen Führung erfolgreich in das eigene direkte Führungsverhalten zu übertragen.

Organisation

Bei der organisatorischen Gestaltung von Führung rückt die Gewährleistung des Organisationszusammenhaltes im Sinne der Kooperativen Führung in den Mittelpunkt der Betrachtungen. In der Suche nach einer effektiven Prozess- und Führungsorganisation muss die Frage gestellt werden, wie der Ablauf von Arbeitsprozessen im Rahmen des Führungsprozesses gestaltet und Kompetenzen, Verantwortlichkeiten und Handlungsspielräume innerhalb einer Organisation zielführend zum Wohle der Organisationsziele und der Organisationsangehörigen festgelegt werden sollen.

In Wirtschaftsunternehmen wird zunehmend nach Organisationsformen gesucht, in der die Kreativität der Organisationsangehörigen und die sich daraus ergebende Innovationstärke für das Gesamtunternehmen gestärkt werden. Dies setzt voraus, dass durch die Organisationskultur das eigenständige und eigenverantwortliche Denken und Handeln der Mitarbeiter gefördert wird.
Eine solche Entwicklung kann nur erreicht werden, wenn im Sinne des partizipativen Aspektes der Kooperativen Führung die Botschaft glaubhaft vermittelt wird, dass die engagierte Mitarbeit der Mitarbeiter bei der Gestaltung des Führungsprozesses ausdrücklich gewünscht und gefördert wird.

Dies wird nur auf einer tragfähigen Vertrauens- und Kommunikationsbasis gelingen, wofür Führungskräfte in der täglichen Interaktion mit ihren Mitarbeitern die Verantwortung tragen.

Dieser Umstand verdeutlicht die Notwendigkeit der Verzahnung zwischen dem Gestaltungsrahmen der strukturell-systemischen Führung und dem Führungshandeln von Führungskräften vor dem Hintergrund der personal-interaktiven Führung.

Die Gestaltungsdimension der indirekten Führung kann ihre Wirkung nur dann voll entfalten, wenn die darin beschriebene strategische Ausrichtung der Organisationskultur durch Führungskräfte vorbildhaft in die Führungsrealität umgesetzt wird.

Personal

Die Gestaltung einer qualifizierten Personalstruktur nimmt in den Bereichen der Personalauswahl, Personalentwicklung und Personalsteuerung im Bereich der strukturell-systemischen Führung einen besonderen Stellenwert ein. Wie bereits bei der Betrachtung der Faktoren Strategie und Organisation vor dem Hintergrund der Organisationskultur geschehen, muss auch in diesem Zusammenhang die Wechselwirkung mit der direkten Führung durch die Interaktion der Führungskräfte mit den Mitarbeitern berücksichtigt werden.
Neben der durch den partizipativen Aspekt der Kooperativen Führung zu fördernden eigenständigen dienstlichen Kompetenz- und Persönlichkeitsentwicklung der Mitarbeiter im Kontext der Organisationskultur, sollten Führungskräfte vermehrt aktiv im Bereich der Personalentwicklung durch die Schaffung geeigneter Rahmenbedingungen tätig werden.

Durch die Formulierung und die Umsetzung von tragfähigen Personalentwicklungskonzepten können in Unternehmen und Behörden die Grundlagen für eine konzeptionelle Personalentwicklung geschaffen werden, in der sowohl die Organisationsbelange als auch die berechtigten Interessen der Organisationsangehörigen in einer angemessenen Weise in Übereinstimmung gebracht werden sollten. Durch diese Führungsmaßnahme im Rahmen der indirekten Führung soll erreicht werden, dass auf der einen Seite allen Mitarbeitern eine individuelle Personalentwicklung und auf der anderen

Seite eine zielgenaue Personalverwendung im Sinne der Organisationsbelange ermöglicht wird.

Ein durchdachtes Personalentwicklungskonzept soll allen Organisationsangehörigen als Orientierung für die individuelle Gestaltung der eigenen Berufsentwicklung dienen, wobei gleichzeitig Führungskräften die Möglichkeit eröffnet wird, dieses als Grundlage für die Mitarbeiterführung, die Mitarbeiterförderung und die Mitarbeitermotivation zu nutzen.

Auf der Grundlage eines Personalentwicklungskonzeptes als bedeutsamer Teil der Organisationskultur sind Führungskräfte in allen Führungsebenen aufgefordert, die notwendigen Maßnahmen in den Bereichen der Aus- und Fortbildung, zur individuellen Kompetenz- und Persönlichkeitsentwicklung der Mitarbeiter sowie einer mitarbeitergerechten Organisationsentwicklung zu initiieren.

Gleichzeitig sollen die Mitarbeiter in der Wahrnehmung von Rechten und Pflichten, die sich aus einem PEK auch für sie ergeben, dazu angeleitet werden, diese Angebote zu einer eigenverantwortlichen dienstlichen Kompetenz- und Persönlichkeitsentwicklung anzunehmen.

Die Notwendigkeit einer strukturellen Personalentwicklung im Rahmen der Organisationskultur speziell für polizeiliche Organisationen ergibt sich aus folgenden Gesichtspunkten:

- Die zunehmende Einsatzbelastung im Bereich der inneren Sicherheit vor dem Hintergrund neuer Herausforderungen verlangt eine vorausschauende zukunftsfähige Personalplanung unter qualitativen und quantitativen Gesichtspunkten.
- Der demografische Wandel macht sich zusehends mit seinen Auswirkungen besonders im operativen Bereich der Personalstruktur bemerkbar, wodurch ein Nachdenken über neue Wege in der Personalgewinnung erforderlich wird.
- Da der Stellenwert der Vereinbarkeit von Beruf und Familie eine zunehmende Bedeutung bei den Organisationsangehörigen gewinnt, sind die persönlichen Bedürfnisse des Mitarbeiters mit den dienstlichen Belangen in Übereinstimmung zu bringen.

- Im Bereich der Aus- und Fortbildung sind die Kenntnisse und Fähigkeiten aller Organisationsangehörigen an die schnelleren und komplexeren Veränderungsprozesse im gesellschaftlichen und technologischen Bereich ständig auszubauen und an die neuen Herausforderungen anzupassen.

Vor dem Hintergrund der beschriebenen Notwendigkeit einer strukturellen Personalführung sind die folgenden Prinzipien im Rahmen der Organisationskultur in konkrete Handlungsschritte umzusetzen.

Im Bereich der **Personalsteuerung** ist ein zielgerichtetes Verfahren zur Ermittlung und Sicherstellung des dienstlichen Personalbedarfes unter Berücksichtigung von strukturellen Besonderheiten (z.B. Schwerpunktdienststellen in Ballungsräumen, besondere körperliche Voraussetzungen in Einheiten der Bereitschaftspolizei usw.) möglichst unter Berücksichtigung der persönlichen Verwendungswünsche der Mitarbeiter erforderlich.

Als Grundlage einer effektiven Personalsteuerung muss eine umfassende und in die Zukunft gerichtete Personalbedarfsplanung erfolgen, die an der Aufgaben- und Organisationsentwicklung einer Polizeiorganisation, den haushaltsmäßigen Vorgaben sowie den individuellen Verwendungs- und Entwicklungswünschen der Organisationsangehörigen ausgerichtet sein sollte.

Es erscheint ratsam, eine solche Personalsteuerung vor dem Hintergrund der strukturell-systemischen Führung einer Polizeiorganisation an den Zielfeldern der Kooperativen Führung auszurichten und durch die notwendige Transparenz eine hohe Akzeptanz für Führungsmaßnahmen im Bereich der Personalsteuerung zu gewährleisten.

In diesem Zusammenhang muss auch auf die Bedeutung eines funktionierenden Beurteilungswesens im Hinblick auf eine effektive Personalführung eingegangen werden, da sich aus Beurteilungen unmittelbare Folgen für die Personalentwicklung einer polizeilichen Organisation ergeben. In den Beurteilungsrichtlinien der Bundespolizei werden die Ziele der dienstlichen Beurteilung wie folgt beschrieben:

„Dienstliche Beurteilungen haben zum Ziel, ein aussagefähiges, objektives und vergleichbares Bild der Leistung und Befähigung der Beamtinnen und Beamten zu gewinnen. Sie dienen als Grundlage für sachgerechte Personalentscheidungen und Maßnahmen der Personalentwicklung; sie bilden ein Instrument der Personalführung."

Die dienstliche Beurteilung stellt somit die bedeutsamste Grundlage für alle Personalentscheidungen in einer polizeilichen Organisation dar, die in folgenden Bereichen deutlich wird:

- Vergabe von Dienstposten
- Beförderungsmaßnahmen
- Maßnahmen der Personalentwicklung
- Maßnahmen der Personalsteuerung

Vor diesem Hintergrund muss auf die Problematik hingewiesen werden, dass Führungskräfte bei der Erstellung von dienstlichen Beurteilungen aufgrund der Erwartungshaltung von Mitarbeitern oft ihren Blick auf die Beförderungsmöglichkeiten verengen und bei der Erstellung von Beurteilungen die Aspekte der Personalentwicklung und -steuerung nicht ausreichend berücksichtigen. Eine solche Verfahrensweise steht in den meisten Fällen einer effektiven und erfolgreichen Personal- und Organisationsentwicklung entgegen.

Es erscheint in diesem Kontext angebracht, dass die verantwortlichen Entscheidungsträger in der Leitungsebene von Polizeiorganisationen grundsätzliche Überlegungen über die Problematik der unmittelbaren Wechselwirkung von Beurteilungs- und Beförderungsrichtlinien im Bereich der indirekten Führung anstellen sollten.

Um eine grundsätzliche zielorientierte Personalführung gewährleisten zu können, ist auch im Rahmen der strukturell-systemischen Führung die Bedeutung der bereits mehrfach beschriebenen Vertrauens- und Kommunikationskultur in Form der strukturierten Durchführung von Mitarbeiter- und Kooperationsgesprächen hervorzuheben. In diesen durch die Organisationskultur vorgesehen Gesprächen zwischen Vorgesetzten und Mitarbeitern sollten folgende Gesprächsinhalte erörtert werden:

- Bilanz der Aufgabenerledigung im zurückliegenden Zeitraum der gemeinsamen Zusammenarbeit

- Information der/des Vorgesetzten über die Arbeitsbedingungen und die Zusammenarbeit aus Sicht der Mitarbeiterin/des Mitarbeiters
- Information der Mitarbeiterin/des Mitarbeiters darüber, wie die Führungskraft die gezeigten Leistungen und das dienstliche Verhalten einschätzt
- Gemeinsame Erörterung von Maßnahmen, die der Förderung und Entwicklung des Mitarbeiterin/des Mitarbeiters dient
- Festlegung der zukünftigen Hauptaufgaben und Ziele in der gemeinsamen Zusammenarbeit

Aus den bisherigen Ausführungen zum Bereich Personal als wichtiger Aspekt der Organisationskultur wird deutlich, dass in der Umsetzung der grundlegenden Prinzipien einer professionellen Personalführung die Grundgedanken der Kooperativen Führung Anwendung finden müssen. Ein erfolgreiches Personalmanagement durch Führungskräfte kann nur gelingen, wenn im Rahmen der vertrauensvollen Kooperation zwischen Führungskräften und den Mitarbeitern die Vorgaben der Organisationskultur unter Berücksichtigung der Zielfelder im Bereich der Personalführung in das konkrete kooperative Führungsverhalten umgesetzt werden können.

b) Fehlerkultur als Teil der Organisationskultur

Die Bedeutung der Fehlerkultur wurde bereits ausführlich dargestellt, jedoch erscheint es sinnvoll, neben der Beschreibung des Fehlermanagements durch das konkrete Führungshandeln von Führungskräften auch die Wirkung einer in der strukturell-systemischen Führung verankerten Fehlerkultur nochmals zu unterstreichen.

Der ehemalige Präsident des Hochtechnologiekonzern 3M, William McKnight, hatte bereits vor 70 Jahren die folgende Feststellung getroffen:

„Fehler wird es immer geben! Aber die Fehler der Mitarbeiter, die meist die richtigen Dinge tun, sind nicht so gravierend wie die, die dadurch entstehen, wenn das Management den Mitarbeitern genau vorschreiben will, wie sie ihre Arbeit zu verrichten haben!“

Daraus lässt sich ableiten, dass die positive Fehlerkultur einer Organisation sich dadurch auszeichnet, dass den Organisationsangehörigen Fehler zugestanden werden, um aus der Fehleranalyse die richtigen Schlüsse für die zukünftige Fehlervermeidung zu ziehen. Ein solches Verhalten kann wiederum nur auf Basis einer gewachsenen Vertrauens- und Kommunikationskultur gefördert werden.
Den Mitarbeitern muss das Vertrauen entgegengebracht werden, neue Wege in der Persönlichkeits- und Organisationsentwicklung so zu beschreiten, dass beim Erkennen von Fehlern eigenständig neue Ansätze zur Zielerreichung entwickelt werden.
In einer Organisationskultur, die von Vertrauen, Innovationswillen und Eigenverantwortung der Mitarbeiter geprägt ist, wird mit Fehlern lösungsorientiert im Rahmen einer Lernkultur im Sinne einer zukünftigen Leistungssteigerung umgegangen. Fehler sollen als wertvolle Erfahrungen angesehen werden, um die zukünftige Persönlichkeits- und Organisationsentwicklung positiv gestalten zu können.

Durch eine solche glaubhaft vermittelte Fehlerkultur wird nachhaltig dem Wesen der Kooperativen Führung entsprochen, da in der Folge die erwünschten motivierenden und konfliktmindernden Wirkungen erreicht werden können.

c) Vision und Organisationskultur

Der Begriff der Vision in der strategischen Ausrichtung einer Organisation beschreibt ein komplexes und noch eher unscharfes, aber anzustrebendes Zielbild in der Zukunft.

Eine glaubwürdige Vision sollte dabei einen wünschenswerten Zustand für die Organisation aufzeigen, der mit dem formellen und informellen Wertegerüst der Behörde in Übereinstimmung steht und somit von den Organisationsangehörigen geteilt und als anstrebenswert angesehen werden kann. Die sich daraus ergebenden strategischen Leitlinien erleichtern die Prioritätensetzung im Bereich der Aufgabenerfüllung und der Personalführung und können zu einem motivierten Handeln der Organisationsangehörigen in Richtung der visionären Zielstellung beitragen.

Durch eine von allen Mitarbeitern akzeptierten und mitgetragenen Vision können in einer Polizeiorganisation folgende Wirkungen erzielt werden:

- Gemeinsame strategische Orientierung für alle Organisationsbereiche
- Hohe Identifikation mit den Organisationszielen
- Hohes Innovationspotenzial in der Organisations- und Personalentwicklung
- Vertrauensbildung zwischen allen Organisationsangehörigen

Probleme bei der Akzeptanz von Visionen treten bei Mitarbeitern meist dann auf, wenn diese das Wertegerüst der bestehenden Organisationskultur und die reale Erfahrungswelt im dienstlichen Alltag nicht berücksichtigen. Die Organisationsangehörigen müssen auf der emotionalen Ebene angesprochen und überzeugt werden, dass die Vision für ihre Organisation eine realistische Orientierungsgrundlage für die zukünftige Organisationsentwicklung darstellt.

In vielen Fällen wird bei der Darstellung der Vision einer Behörde von Mitarbeitern die Kritik geübt, dass die angedachte visionäre Zielrichtung unrealistisch sei und mit der Organisationswirklichkeit nicht in Übereinstimmung stehe. In diesem Zusammenhang ist auf den Umstand hinzuweisen, dass in der Zukunft liegende Zielbilder immer mit der Unsicherheit behaftet sind, dass aufgrund unvorhersehbarer Einflussfaktoren die gewünschten Wirkungen nicht wie beabsichtigt erreicht werden können.

Nach *Maxwell* vertrauen Mitarbeiter zuerst der Führungskraft und dann erst der Vision. Mit dieser Aussage wird wieder auf den engen Zusammenhang zwischen direkter Führung durch die Führungskraft und indirekter Führung durch die Organisationskultur verwiesen.

Erfolgreiche Führungskräfte zeichnen sich dadurch aus, dass es ihnen gelingt, visionäre Zielvorstellungen entweder zu übernehmen oder zu entwickeln und diese auf einer tragfähigen Kommunikations- und Vertrauensbasis motivierend an ihre Mitarbeiter zu übermitteln. Daraus lässt sich folgern, dass nicht die Ziele vorrangig Menschen zusammenhalten, sondern die aufgezeigten Wege, die in der gemeinsamen Gestaltung aller Organisationsangehörigen im Führungsprozess entwickelt werden.

Der Sinn und die Notwendigkeit einer Vision für die Bundespolizei wurde allen Mitarbeitern in einem Mitarbeiterbrief folgendermaßen erläutert:

„Die Bundespolizei unterliegt einem ständigen Veränderungsprozess. Veränderungen stellen zugleich Herausforderungen und Chancen da, um Gutes nicht nur an aktuelle Begebenheiten anzupassen. Sie sichern auch die Zukunftsfähigkeit der Bundespolizei. Die strategische Ausrichtung und Zielorientierung wird als wesentliche Grundlage für die zukünftige erfolgreiche Aufgabenerfüllung der Bundespolizei und die Berufszufriedenheit aller Organisationsangehörigen angesehen."

d) Bedeutung der Aus- und Fortbildung

Aufgrund der bereits dargestellten Veränderungsprozesse im politischen und gesellschaftlichen Bereich, gewinnt das Prinzip eines ständigen Lernprozesses für Mitarbeiter in Unternehmen und Behörden eine zunehmend größere Bedeutung. Die dynamische Entwicklung von Veränderungsprozessen in allen gesellschaftlichen Dimensionen wirkt sich unmittelbar auf die Organisationskultur aus, weil nur mit einer zeitgemäßen und in die Zukunft gerichteten Aus- und Fortbildung der Organisationsangehörigen diesen Herausforderungen erfolgreich begegnet werden kann.

Die hierzu erforderlichen bzw. zu lernenden Grundbefähigungen und die geeigneten Maßnahmen zur Erhaltung und Weiterentwicklung dieser Kompetenzen von Organisationsangehörigen sind im Rahmen der systemisch-strukturellen Führung in den entsprechenden Ausbildungs-, Studien- und Fortbildungsplänen festzulegen.

Im Bereich der Ausbildung sind alle Maßnahmen zu benennen, die der Vermittlung der erforderlichen Grundkompetenzen der Organisationsangehörigen dienen, wobei diese Ausbildungs- und Studienpläne hinsichtlich der Aktualität von Inhalten und Methoden vor dem Hintergrund dynamischer Veränderungsprozesse ständig zu überprüfen sind.

Im Bereich der Fortbildung soll erreicht werden, dass alle Organisationsangehörigen in die Lage versetzt werden, die individuellen Fähigkeiten und Kenntnisse zur Erfüllung der übertragenen Aufgaben hinsichtlich der Auswirkungen von Veränderungsprozessen im dienstlichen Bereich zu aktualisieren und fortzuentwickeln.

Im Leitbild der Bundespolizei wird beispielsweise diese Bedeutung des ständigen Lernens dadurch zum Ausdruck gebracht, dass Aus- und Fortbildung als die entscheidende Investition für die zukunftsorientierte Organisationsentwicklung der Bundespolizei bezeichnet wird. Aus dieser Vorgabe im Bereich der strukturell-systemischen Führung ergibt sich für Führungskräfte in ihrem Führungshandeln die Verpflichtung, dass sie selbst und ihre Mitarbeiter mit den entsprechenden Aus- und Fortbildungsmaßnahmen mit dem dynamischen Entwicklungsprozess in gesellschaftlichen, politischen, rechtlichen, taktischen und technischen Themenfeldern Schritt halten können.
Besonders Führungskräfte sind in diesem Zusammenhang aufgefordert, zur Erhaltung und Fortentwicklung der Kenntnisse und Fähigkeiten aller Organisationsangehörigen die notwendigen Aus- und Fortbildungsmaßnahmen vorzuplanen und nötigenfalls gegenüber übergeordneten Führungsebenen einzufordern.

Durch die notwendige Verzahnung von indirekter und direkter Führung im Bereich der Aus- und Fortbildung, wird den Grundaussagen der Kooperativen Führung entsprochen, da durch transparentes Führungsverhalten und der aktiven Beteiligung von Mitarbeitern in Aus- und Fortbildungsangelegenheiten im Rahmen des partizipativen Aspektes wesentlich zur Gewährleistung der Zielfelder der Kooperativen Führung beigetragen wird. Hierdurch werden sowohl eine positive Organisationsentwicklung als auch die individuelle Persönlichkeitsentwicklung aller Organisationsangehörigen gefördert.

e) Behördliches Gesundheitsmanagement

Der Begriff des Gesundheitsmanagements als Teil der Personalentwicklung umfasst alle Maßnahmen, die dem Erhalt und der Wiederherstellung der Gesundheit und der physischen bzw. psychischen Leistungsfähigkeit der Organisationsangehörigen im Sinne eines ganzheitlichen Gesundheitsansatzes dienen.

Im Bereich der Bundespolizei ergibt sich die Notwendigkeit eines Behördlichen Gesundheitsmanagements (BGM) aus der Tatsache, dass durch die Auswirkungen der demografischen Entwicklung, der zunehmenden Arbeitsverdichtung und -belastung und den besonderen Anforderungen an die Leistungsfähigkeit von Polizeivollzugsbeamtinnen und -beamten in Zeiten besonderer Einsatzbelastungen auf Dauer mit erheblichen negativen Folgen für die gesundheitliche Situation der Mitarbeiter gerechnet werden muss.
Im Rahmen der systemisch-strukturellen Führung wurde aus diesem Grund für den Bereich der BPOL eine Konzeption zum Behördlichen Gesundheitsmanagement (BGM) erstellt, um die Auswirkungen der dienstlichen Belastungen auf die Gesundheit der Organisationangehörigen abzumildern und gleichzeitig ein gesundheitsgerechtes Verhalten der Mitarbeiter zu fördern.

Dieses Vorhaben soll durch geeignete Programme und Maßnahmen in allen Organisationsbereichen der Bundespolizei in folgenden Handlungsfeldern umgesetzt werden:

- Arbeitsorganisation
- Arbeitsplatz
- Behördenkultur und Arbeitsklima
- Führung
- Gesundheitsförderung
- Personalentwicklung
- Besondere Maßnahmen und Betreuung
- Wiedereingliederung durch ein behördliches Eingliederungsmanagement

Im Bereich des Handlungsfeldes „Führung“ werden dabei die Faktoren Führungskultur, kooperatives Führen, Rückkehrgespräche, Empathie und Vorbildfunktion des Vorgesetzten in ihrer Bedeutung für ein funktionierendes Gesundheitsmanagement besonders hervorgehoben.
In den einzelnen Handlungsfeldern sollen dann die geeigneten Strukturen und Abläufe gewährleistet werden, um die gesundheitsförderliche Gestaltung der Arbeit und das gesundheitsgerechte Verhalten der Organisationsangehörigen zu fördern.

Führungskräfte sollten im Rahmen ihrer Führungsverantwortung die Relevanz der Vorgaben im BGM erkennen und in folgenden Bereichen im Führungsalltag beachten:

- Der Dienstalltag ist aus Führungssicht so zu gestalten, dass unter Einbeziehung der Arbeitszufriedenheit alle Beschäftigten gesund, leistungsfähig und leistungsbereit bleiben
- Arbeitssicherheit, Arbeitsschutz und Gesundheit der Beschäftigten sollen als Gestaltungsprozess systematisch vorangetrieben und kontinuierlich verbessert werden
- Die Arbeits- und Dienstfähigkeit der Organisationsangehörigen ist zu fördern und eingeschränkt dienstfähige Beschäftigte nach ihren persönlichen Möglichkeiten in den Dienstablauf zu integrieren

Führungskräfte sollten erkennen, dass im Rahmen des BGM nicht nur das Handlungsfeld „Führung“ relevant ist, sondern dass die Grundsätze der Kooperativen Führung in der gesamten Bandbreite des Gesundheitsmanagements die gewünschte positive Wirkung entfalten können.
In diesem Zusammenhang ist auf die Bedeutung der prosozialen Dimension des kooperativen Führungshandelns hinzuweisen, der durch eine vorbildlich umgesetzte Transparenz und Repräsentation des eigenen Dienstbereiches durch Führungskräfte entsprochen wird. Dieses Führungsverhalten trägt vor dem Hintergrund des Gesundheitsmanagements wesentlich zur Gewährleistung der humanen Arbeits- bzw. Sozialbeziehungen, der sachgerechten Aufgabenerfüllung und des Organisationzusammenhaltes bei.

Im Bereich des Gesundheitsmanagements soll aufgrund der Entwicklung der letzten Jahre die Problematik des Burnout-Syndroms (*engl. „to burn out“* – ausbrennen) einer gesonderten Betrachtung zugeführt werden. Das Burnout-Syndrom bezeichnet einen Zustand einer weitreichenden emotionalen Erschöpfung mit reduzierter Leistungsfähigkeit der Betroffenen, der sich in einem zunehmenden Maße in der Arbeitswelt von Leistungsgesellschaften feststellen lässt.
Das Burnout-Syndrom ist international nicht als Krankheit anerkannt, sondern wird vielmehr als eine körperliche, emotionale und geistige Erschöpfung aufgrund beruflicher Überlastung beschrieben. Verschiedene wissenschaftliche Studien haben jedoch nachgewie-

sen, dass ein unmittelbarer Zusammenhang zwischen dem Burnout-Syndrom und Folgekrankheiten (z.B. psychosomatische Erkrankungen, Depressionen) besteht.
Vor diesem Hintergrund ist festzustellen, dass die erhöhten psychischen und physischen Anforderungen im polizeilichen Dienstalltag für die Organisationsangehörigen eine besondere Belastung darstellen. Nicht jede Belastungssituation führt automatisch zu einem Burnout, jedoch ist aufgrund der Vielfalt von Belastungs- und Stresssituationen von einer erhöhten Wahrscheinlichkeit für dessen Entstehung auszugehen.

Neben den bereits bestehenden Stress- und Belastungssituationen im polizeilichen Alltag sind in den vergangenen Jahren noch zusätzliche Belastungsfaktoren hinzugekommen (z.B. Organisationsveränderungen, Arbeitsverdichtung, Aufgabenerweiterungen, höhere Gewaltbereitschaft, neue Bedrohungslagen usw.), die sich negativ auf die Gesamtsituation ausgewirkt haben.

Da die Auswirkungen des Burnout- Syndroms sowohl Führungskräfte als auch Mitarbeiter betreffen können, müssen sich Führungskräfte in allen Führungsebenen dieser Problematik annehmen, um die gravierenden negativen Folgen für die Ziele der Kooperativen Führung abzuwenden.

In diesem Zusammenhang ist es wichtig, dass Vorgesetzte die Symptome einer emotionalen Erschöpfung bei Mitarbeitern rechtzeitig erkennen, deuten und die passenden Hilfsmöglichkeiten anbieten können.
Diese Hilfsangebote können sowohl als personenbezogene Interventionen (z.B. Gesprächsangebot, Verweis an die geeignete medizinische Instanz) als auch organisationsbezogene Interventionen (z.B. Umstrukturierung der Arbeitsabläufe, Modifikation der Arbeitszeitregelung, gleichmäßige Arbeitsbelastung der Organisationsangehörigen) erfolgen. Sollten Führungskräfte bei sich selbst entsprechende Symptome feststellen oder eine dementsprechende Rückkopplung durch das private oder dienstliche Umfeld erhalten, sollte eigenverantwortlich eine geeignete professionelle Hilfe in Anspruch genommen werden.

Abschließend bleibt festzuhalten, dass das Burnout-Syndrom aufgrund der zunehmenden Einsatzbelastung im polizeilichen Aufgabenbereich für Führungskräfte auch in der zukünftigen Entwicklung eine ständige Herausforderung darstellen wird, der sich Vorgesetzte im Rahmen der Führungsverantwortung stellen müssen.

5.3 Grundprinzipien für die Organisationsangehörigen

Nach *Wunderer* stellt die Kooperative Führung unter den vielen Führungsmodellen das sozial anspruchsvollste Konzept dar. Die in diesem Zusammenhang erforderliche intensive Interaktion zwischen Führungskräften und ihren Mitarbeitern setzt eine vertrauensvolle Kommunikations-, Führungs- und Fehlerkultur voraus.
Die Grundausrichtung der Kooperativen Führung erfordert in der Gestaltung der Beziehungsebene kompetente Persönlichkeiten, die sich durch Offenheit, Lernfähigkeit, Kritikfähigkeit, Integrität, Kreativität, Leistungsfähigkeit, Leistungsbereitschaft sowie Vertrauen in sich selbst und für die Mitmenschen auszeichnen. Diese Anforderung gilt sowohl für Führungskräfte als auch für die von ihnen geführten Mitarbeiter.

Vor diesem Hintergrund rückt der partizipative Aspekt der Kooperativen Führung in den Mittelpunkt der Betrachtungen, da sich durch die tendenziell symmetrische wechselseitige Einflussausübung zwischen Führungskraft und Mitarbeitern für beide Seiten Rechte und Pflichten in der kooperativen Beziehungsebene ergeben. Die beschriebenen Prinzipien für Führungskräfte haben deren Aufgaben im Bereich des kooperativen Führungshandelns bereits ausführlich dargestellt. Im Gegenzug ergibt sich für Mitarbeiterinnen und Mitarbeiter ebenfalls die Verpflichtung, mit besten Kräften daran mitzuarbeiten, die Grundgedanken der Kooperativen Führung wirkungsvoll in den Arbeitsalltag umzusetzen.

Kooperation

Wie bereits festgestellt wurde, kann die Kooperation im Sinne der Kooperativen Führung nur gelingen, wenn die tägliche Zusammenarbeit zwischen Führungskräften und der Mitarbeiterschaft auf einer gleichwertigen Kommunikations- und Vertrauensebene erfolgt.

Die sich aus diesem Prinzip ergebende Handlungsverpflichtung für Führungskräfte wurde schon ausführlich erläutert.

Gleichzeitig haben auch Mitarbeiter im Rahmen des partizipativen Aspektes ihren Beitrag zu leisten, damit das kooperative Zusammenwirken die erwünschten positiven Wirkungen zur effektiven Aufgabenerfüllung, zur Sicherstellung des Organisationszusammenhaltes und der humanen Arbeits- und Sozialbeziehungen erzielen kann. Dies bedeutet, dass alle Organisationsangehörigen das Angebot zur Mitarbeit im Führungsprozess annehmen sollten, weil sie dadurch maßgeblich bei der Entscheidungsfindung mitwirken können. Diese Gelegenheit der Teilhabe am Führungsprozess eröffnet Mitarbeitern die Möglichkeit, sich mit Eigeninitiative dienstlichen Aufgabenstellungen zuzuwenden und gleichzeitig auch für ihre berechtigten Interessen aktiv eintreten zu können.
In einem solchen positiven Arbeitsumfeld werden die Mitarbeiterzufriedenheit und das eigenverantwortliche Handeln weitestgehend sichergestellt und möglichen Konfliktsituationen vorgebeugt. Selbst im Konfliktfalle besteht die Möglichkeit, dass die Mitarbeiter in strukturierten Kommunikationsprozessen mit ihrer Führungskraft Lösungsoptionen zur Konfliktmilderung bzw. -lösung auf einer sachlichen Ebene entwickeln und umsetzen können.

Weiterhin sind alle Organisationsangehörigen aufgefordert, auch im Bereich der Aus- und Fortbildung die entsprechenden Angebote zur persönlichen Weiterentwicklung zu nutzen. Dabei sollte nicht nur reagiert werden, sondern auch im Rahmen der Selbstreflexion über die eigenen Kenntnisse und Fähigkeiten sachgerechte Vorschläge aktiv an die Führungskraft herangetragen werden. Ein solches kooperatives Verhalten kann gleichfalls im Bereich des Gesundheitsmanagements hinsichtlich der Erhaltung der physischen und psychischen Leistungsfähigkeit von Mitarbeitern erwartet werden.

Vertrauen

Hinsichtlich der Gestaltung einer tragfähigen Vertrauensbasis als Grundlage einer funktionierenden Kooperation zwischen den Organisationsangehörigen wurde bereits die Verpflichtung von Führungskräften beschrieben, auf der Grundlage eines positiven Men-

schenbildes mit dem erforderlichen Vertrauensvorschuss den Mitarbeitern gegenüber zu treten.
Im Gegenzug fällt den Mitarbeitern gleichfalls die Aufgabe zu, im kooperativen Sinne das von der Führungskraft in sie gesetzte Vertrauen durch loyales Verhalten zu rechtfertigen. Dies drückt sich in einer Beratungs- und Unterstützungspflicht gegenüber dem Vorgesetzten aus, um der gemeinsamen Aufgabenerfüllung und einem möglichst konfliktfreien dienstlichen Zusammenwirken gerecht zu werden.
In diesem wechselseitigen Zusammenspiel zwischen Führungskräften und Mitarbeitern wird deutlich, welchen besonderen Stellenwert die Vertrauensbasis für die gewünschten motivierenden und konfliktvorbeugenden Wirkungen des kooperativen Verhaltens aller Organisationsangehörigen einnimmt.

In diesem Zusammenhang soll nochmals verdeutlicht werden, dass im Rahmen der vertikalen Führung nicht nur durch Führungskräfte Einfluss auf die Mitarbeiter ausgeübt wird, sondern auch Mitarbeiter im Rahmen der Partizipation auf die Führungskraft einwirken.

Wunderer beschreibt die „Führung des Chefs" wie folgt:

„Die Führung des Chefs stellt die wert-, ziel- und ergebnisorientierte, wechselseitige und soziale Einflussnahme auf Personen einer höheren Hierarchieebene zur Erfüllung gemeinsamer Aufgaben dar."

Hieraus lässt sich ableiten, dass Mitarbeiter sich darüber bewusst sein sollten, dass sie im Rahmen des partizipativen Aspektes der Kooperativen Führung nicht nur die eigenen Interessen verfolgen können, sondern auch einen eigenen Beitrag zur gemeinsamen Aufgabenerfüllung und zur Gewährleistung des Organisationszusammenhaltes zu leisten haben.

Handlungsverantwortung

Die Führungsverantwortung von Führungskräften im Bereich der Kooperativen Führung wurde bereits ausführlich dargestellt. Daraus lässt sich die Verpflichtung ableiten, dass Führungskräfte die Zusammenarbeit mit den Mitarbeitern und die Gestaltung des Führungsprozesses nach den Grundprinzipien kooperativen Führungs-

handelns ausrichten sollen. Diese Führungsverantwortung lässt sich nicht delegieren, weil vor dem Hintergrund des Organisationsaspektes der Kooperativen Führung die strukturell vorgegebene Führungsebene in der Organisationshierarchie mit der sich daraus ergebenden Entscheidungsbefugnis den dafür vorgesehenen Führungskräften explizit zugewiesen wird.
Wenn jedoch im Rahmen der Delegation Aufgaben, Kompetenzen und die sich daraus ergebende Verantwortung von der Führungskraft an Mitarbeiter übertragen wird, ergibt sich für Mitarbeiter die Verpflichtung, dieser Handlungsverantwortung gewissenhaft nachzukommen.
Dies bedeutet, dass in der Wahrnehmung des partizipativen Aspektes der Kooperativen Führung dem Mitarbeiter die Möglichkeit eröffnet wird, dass in einem durch die Führungskraft vorgegebenen Handlungsrahmen eigenverantwortlich im Sinne der gemeinsamen Aufgabenerfüllung agiert werden kann.
Ein solcher Vertrauensvorschuss durch die Führungskraft entfaltet eine grundsätzliche intrinsische motivierende Wirkung und stärkt die Vertrauens- und Beziehungsebene zwischen Vorgesetzten und Mitarbeitern.

Diese positiven Wirkungen können jedoch nur erzielt werden, wenn durch Führungskräfte im Rahmen der Delegation das Kongruenz- und Subsidiaritätsprinzip beachtet werden, wonach die übertragenen Aufgaben, Kompetenzen und die sich daraus ergebende Handlungsverantwortung übereinstimmen müssen und Aufgaben nur an die Mitarbeiter delegiert werden können, deren Kompetenzen für die vorgesehene Aufgabenübertragung ausreichen.
Wenn durch ein solches Führungsverhalten eine Über- oder Unterforderung von Mitarbeitern vor dem Hintergrund der Delegation ausgeschlossen werden kann, sollte dieser Vertrauensbeweis durch die Mitarbeiter durch eine gewissenhafte und eigenverantwortliche Arbeitsweise in der gemeinsamen Aufgabenbewältigung gerechtfertigt werden. Auf diese Art und Weise können Mitarbeiter der von ihnen erwarteten Handlungsverantwortung im kooperativen Sinne gerecht werden.

In der zusammenfassenden Betrachtung dieser dargestellten Verhaltensprinzipien wird ersichtlich, dass sowohl Führungskräfte als auch die Mitarbeiter ihren Beitrag zum Gelingen der kooperativen Zusammenarbeit zu leisten haben.

Im Rahmen der Führungsverantwortung ergibt sich für Führungskräfte sicherlich eine besondere Verpflichtung, ihr individuelles Führungsverhalten an den Grundlagen der kooperativen Führung auszurichten.
Gleichzeitig ergeht an die Mitarbeiter die Aufforderung, im Rahmen des partizipativen Aspektes der kooperativen Führung ihrer Handlungsverantwortung nachzukommen und ihr Kooperationsverhalten so zu gestalten, dass auch sie dem Wesen der Kooperativen Führung gerecht werden können.

6 Umsetzung und Weiterentwicklung des kooperativen Denkens

„Es ist nicht von Bedeutung, wie langsam Du gehst, solange Du nicht stehen bleibst!“
(Konfuzius, chinesischer Philosoph)

In den bisherigen Ausführungen wurde der Versuch unternommen, vor dem Hintergrund der Komplexität des Führungsalltages die Bedeutung der Grundgedanken der Kooperativen Führung für eine erfolgreiche Gestaltung des Führungsprozesses darzustellen. Sowohl im Bereich der personal-interaktiven Führung als auch der systemisch-strukturellen Führung ergibt sich aufgrund der Dynamik der geschilderten Veränderungsprozesse die grundsätzliche Fragestellung, welche Kernbereiche der Kooperativen Führung eine zeitlose Bedeutung besitzen. Im Gegenzug ist die Frage zu beantworten, in welchen Bereichen eine Fortentwicklung von Grundaussagen und -gedanken kooperativen Führungshandelns aufgrund von dynamischen Veränderungsprozessen angezeigt erscheint.

Die folgenden Überlegungen zu dieser Thematik sind von den Erfahrungen des Verfassers als Dienststellenleiter und Hochschuldozent für Führungslehre im polizeilichen Bereich geprägt, wobei die zu thematisierenden Gedankenansätze für alle Bereiche der öffentlichen Verwaltung hinsichtlich der Umsetzung des kooperativen Führungsverständnisses gelten können.
Bei der grundsätzlichen Fragestellung, wie die Umsetzung und Weiterentwicklung des kooperativen Führungsgedankens im Rahmen von Veränderungsprozessen im Führungs- und Organisationsalltag gestaltet werden soll, ergibt sich die Notwendigkeit der strukturellen Betrachtung, wie dieses Führungsverständnis an Führungskräfte vermittelt werden soll.

Im Bereich der polizeilichen Führungslehre, wie sie an der Hochschule des Bundes (HS Bund) im Fachbereich Bundespolizei im Rahmen der Polizeiführungswissenschaften und bei der Deutschen Hochschule der Polizei (DHPOL) im Fachgebiet der Führungs-, Organisations- und Verwaltungswissenschaften konzeptionell gestaltet wird, steht die Vermittlung von Grundlagen der Mitarbeiterführung, von Methoden zur Gestaltung von Kommunikationsprozessen sowie die Gestaltung der Aufbau- und Ablauforganisation von Behörden im Rahmen der Organisationskultur im Mittelpunkt der Aus- und Fortbildung.

Neben der Vermittlung der Grundgedanken der Kooperativen Führung und einschlägiger Methoden und Techniken der Personalführung erfolgt im Rahmen der Führungslehre auch eine konstruktiv-kritische Bewertung von praktischen Erfahrungen aus der polizeilichen Führungskultur und Führungspraxis.

Aus dieser Betrachtung heraus lässt sich die Aufgabe der Führungslehre in der grundsätzlichen Ausrichtung folgendermaßen charakterisieren:

- Vermittlung von bewährten Führungskonzepten und -methoden, die auch in anderen Organisations- und Berufsfeldern im Bereich der Personalführung Anwendung finden
- Darstellung von praktischen Erfahrungen und Problemkreisen aus der Führungspraxis mit der Vermittlung möglicher Lösungsansätze
- Vermittlung von aktuellen Führungstheorien, die Lösungsansätze vor dem Hintergrund gesellschaftlicher Veränderungsprozesse für den polizeilichen Führungsbereich aufzeigen

Vor dem Hintergrund der Verzahnung bei der Vermittlung von theoretischen Führungsgrundlagen und praktischen Führungserfahrungen im Rahmen der Führungslehre ist nun zu prüfen, wie die Grundsätze der Kooperativen Führung in der Aus- und Fortbildung von Führungskräften in ihrer elementaren Bedeutung für ein erfolgreiches Führungshandeln implementiert werden können.

6.1 Vermittlung der Grundsätze der Kooperativen Führung

In den folgenden Überlegungen soll der Versuch unternommen werden, mögliche Lösungswege aufzuzeigen, wie im Rahmen der Aus- und Fortbildung von Führungskräften sowohl die bestimmenden Kerninhalte der Kooperativen Führung zielgerichtet und nachhaltig vermittelt werden können als auch die notwendige Weiterentwicklung kooperativen Denkens vor dem Hintergrund dynamischer Veränderungsprozesse sichergestellt werden kann.

Nach *Christe-Zeyse* lassen sich aus der zunehmenden Komplexität des Führungsalltages und den sich daraus ergebenden Veränderungen unmittelbare Auswirkungen auf das Führungsverhalten von Führungskräften herleiten. Aus dieser Feststellung heraus wird der Vorschlag entwickelt, im Rahmen der Führungslehre auf mehreren Ebenen dieser Entwicklung Rechnung zu tragen und Führungskräften tragfähige Handlungsoptionen für eine erfolgreiche Gestaltung des Führungsprozesse zu vermitteln. Aus diesem Grund sollte die Vermittlung von Führungswissen auf den folgenden Ebenen erfolgen:

- Handwerkswissen
- Erweitertes Grundlagenwissen
- Entscheidungswissen
- Reflexionsfähigkeit
- Weiterentwicklung der Führungskraft

Handwerkswissen

Das für Führungskräfte erforderliche Handwerkswissen setzt sich aus verschieden Komponenten zusammen, die jedoch als unabdingbare Voraussetzungen für eine erfolgreiche Gestaltung des Führungsalltages anzusehen sind. Nur mit diesem Grundwissen im Bereich Führung wird es Führungskräften möglich sein, die notwendige Führungskompetenz zu erlangen.
Der Begriff der Führungskompetenz umschreibt eine große Bandbreite von Fähigkeiten und Kenntnissen, die von Führungskräften erwartet werden, um sowohl dem personalen als auch dem sachlichen Aspekt der Führung gerecht werden zu können. Diese Führungskompetenz lässt sich wiederum in die folgenden Teilkompetenzen untergliedern:

- Fachkompetenz
- Methodenkompetenz
- Soziale Kompetenz
- Persönliche Kompetenz

Der Begriff der **Fachkompetenz** beschreibt die Fähigkeit, berufsspezifische Aufgaben im Einklang mit dem theoretischen Grundlagenwissen selbstständig und eigenverantwortlich wahrnehmen zu können. An Führungskräfte wird in diesem Zusammenhang durch die Organisationsangehörigen eine noch höhere Erwartungshaltung hinsichtlich ihres Führungswissens gestellt.
Aus diesem Grund sollten Führungskräfte im Bereich der Fachkompetenz in den folgenden Themenbereichen über ein umfangreiches Fachwissen verfügen:

- Führungsneigung und Führungseignung
- Grundlagen der Kooperativen Führung
- Führungs- und Entscheidungsprozess
- Rollentheoretische Aspekte von Führung
- Wechselwirkung von personal-interaktiver und systemisch-struktureller Führung
- Motivationstheorien
- Konfliktmanagement
- Kommunikationsmanagement
- Prozessmanagement
- Organisationslehre
- Dienst- und arbeitsrechtliche Vorgaben und Rahmenbedingungen

Das sich aus der Fachkompetenz ergebende Führungswissen muss im Rahmen der **Methodenkompetenz** in das konkrete Führungshandeln umgesetzt werden, d.h. Führungskräfte müssen in der Lage sein, die erworbenen Kenntnisse und Fähigkeiten im Führungsbereich adressaten- und situationsgerecht im Führungsalltag anwenden zu können.
Als Beispiel wäre hier die Gestaltung des Führungsprozesses anzuführen, bei dem Führungsfunktionen wie Zielbildung, Entscheidungsplanung, Entscheidung, Durchführungsplanung, Anordnung und Kontrolle in Kenntnis ihrer Bedeutung im Rahmen der Führungsverantwortung gewissenhaft durch Vorgesetzte wahrzunehmen sind.
Im Bereich des Kommunikationsmanagements sind beispielsweise bei der Durchführung von Mitarbeitergesprächen die Kenntnisse hinsichtlich Kommunikationsgrundlagen und -regeln zu beachten.

Nach *Uhlendorff/Jäger* beschreibt die **soziale Kompetenz** im Bereich der Führung die Fähigkeit, den Umgang mit der dienstlichen

Umwelt situativ, wertorientiert und ausgerichtet an den Kerninhalten der kooperativen Führung zu gestalten. Das Führungsverhalten von Vorgesetzten sollte im kognitiven und emotionalen Bereich so strukturiert sein, dass im Führungsalltag ein kooperativer und vertrauensvoller Umgang mit allen Organisationsangehörigen gewährleistet wird.

Die soziale Kompetenz von Führungskräften sollte vor diesem Hintergrund von folgenden Fähigkeiten geprägt sein:

- Im Umgang mit sich selbst:
  - Selbstvertrauen
  - Selbstdisziplin
  - Selbstkritik
  - Eigenverantwortung
- Im Umgang mit anderen:
  - Respekt
  - Menschenkenntnis
  - Empathie
  - Kompromissfähigkeit
  - Emotionale Intelligenz
- Im Bereich der Zusammenarbeit:
  - Kooperationsfähigkeit
  - Teamfähigkeit
  - Motivationsfähigkeit
  - Kommunikationsfähigkeit
- Im Bereich der Führungsverantwortung:
  - Vorbildfunktion
  - Durchsetzungsvermögen
  - Durchhaltevermögen
  - Hohe Stresstoleranz

Die **persönliche** Kompetenz der Führungskraft beschreibt deren Fähigkeit, das Potenzial der individuellen Eigenschaften im Bereich des Charakters, der persönlichen Ausstrahlung, der eigenen Werteorientierung, des eigenen Wissens und der persönlichen Erfahrungen zur erfolgreichen Gestaltung des Führungsalltages einsetzen zu können. Daraus lässt sich folgern, dass die Persönlichkeit von Führungskräften durch folgende Charaktereigenschaften geprägt sein sollte:

- Willensstärke
- Selbstbewusstsein
- Selbstreflexion
- Belastbarkeit
- Stressstabilität

Das notwendige Handwerkswissen hinsichtlich der Fach- und Methodenkompetenz lässt sich grundsätzlich in der Aus- und Fortbildung für Führungskräfte zielorientiert vermitteln.
Im Bereich der sozialen und persönlichen Kompetenz sollte durch Erziehung, soziale Prägung und Lebenserfahrung die Persönlichkeit einer Führungskraft schon in angemessener Weise die erforderliche soziale und kooperative Ausrichtung erfahren haben, damit bei der Vermittlung der Kerngedanken der kooperativen Führung auf ein gefestigtes Werte- und Verhaltensgerüst zurückgegriffen werden kann.

Erweitertes Grundlagenwissen

Auf Grundlage des geschilderten Handwerkswissens sollten Führungskräfte in die Lage versetzt werden, dieses Wissen konstruktiv-kritisch gedanklich zu durchdringen und mit weiteren wissenschaftlichen Erkenntnissen im Bereich der Führungslehre, empirischen Studien, theoretischen Führungsmodellen und den eigenen Führungserfahrungen in einen Gesamtzusammenhang zu stellen.
Diese Grundeinstellung kann schon im Rahmen der Aus-und Fortbildung der Führungskräfte gefördert werden, wobei wahrscheinlich in Zukunft das Prinzip des lebenslangen Lernens auch für die Führungskräfte eine immer größere Bedeutung gewinnen wird.

Im Bereich der Bundespolizei werden beispielsweise folgende Grundlagen für bestimmte Themenfelder im Rahmen der Führungslehre den Führungskräften im gehobenen und höheren Polizeivollzugsdienst vermittelt:

➔ **Führungstheorien**
- Kooperatives Führungssystem (KFS) im Sinne der PDV 100
- Partizipationsorientiertes Führungsstilkontinuum nach *Tannenbaum/Schmidt*
- Managerial Grid („Verhaltensgitter") nach *Blake/Mouton*
- Reifegradmodell von *Hersey/Blanchard*

➔ **Motivationstheorien**

- Bedürfnisorientierte Motivationstheorien
  - Bedürfnispyramide nach *Maslow*
  - Bedürfnisstufen nach *Corell*
  - Zwei-Faktoren-Theorie nach *Herzberg*

- Kognitionsorientierte Motivationstheorien
  - Erwartungs-Valenz-Theorie nach *Vroom*
  - Dissonanz-Theorie nach *Festinger*

Die genannten Führungs- und Motivationstheorien stellen keine abschließenden Aufzählung dar, sondern sollen nur aufzeigen, dass diese Themeninhalte als Grundlage für weiterführende Überlegungen dienen können, um in Verbindung mit den Erfahrungen im Führungsalltag die Führungskompetenz der Führungskräfte weiter zu entwickeln.

Durch die Erweiterung des Grundlagenwissens im Führungsbereich soll das Analysevermögen von Führungskräften gestärkt und ausgebaut werden. Durch diese Fähigkeit wird die Handlungskompetenz bei Problemstellungen im Führungsgeschehen erhöht, da Führungskräfte in die Lage versetzt werden, eine professionelle Problemanalyse aus verschiedenen Blickrichtungen durchzuführen. Durch eine solche strukturierte Vorgehensweise können Problemfelder im Führungsalltag zielgenauer erfasst und in ihrer Bedeutung für den zu gestaltenden Führungsprozess besser priorisiert werden.

Aus dieser Sichtweise lässt sich ableiten, dass die erworbenen Kenntnisse und Fähigkeiten im Führungsbereich das grundsätzliche Fundament für ein erfolgreiches Führungshandeln darstellen.
Neben der Vermittlung dieses Grundlagenwissens in der Aus- und Fortbildung bleiben Führungskräfte gleichermaßen dazu aufgefordert, diese Kenntnisse im Eigenstudium vor dem Hintergrund dynamischer Veränderungsprozesse ständig zu aktualisieren und im Rahmen ihrer Führungsverantwortung mit geeigneten Führungsmaßnahmen in die Gestaltung des Führungsprozesses zu integrieren.
Die Notwendigkeit, das bestehende Grundlagenwissen im Führungsbereich ständig zu aktualisieren und an Veränderungsprozesse anzupassen, ergibt sich aus unterschiedlichen Entwicklungstendenzen auf dem Gebiet der Führung und Zusammenarbeit.

Die aus Sicht des Verfassers wichtigsten Entwicklungsfaktoren im polizeilichen Führungsbereich ergeben sich aus der folgenden Gesichtspunkten:

- Führung und Zusammenarbeit in Organisationen werden zukünftig wahrscheinlich noch stärker durch dynamische Veränderungsprozesse im Rahmen von gesellschaftlichen, wirtschaftlichen und technologischen Entwicklungen beeinflusst. Im polizeilichen Bereich sind neue qualitative und quantitative Bedrohungsszenarien in die Betrachtung mit einzubeziehen.
- Der rasante technologische Fortschritt, besonders im Bereich der Informationstechnologie und der künstlichen Intelligenz, wird alle Organisationsangehörigen zur permanenten Weiterbildung zwingen.
- Vor dem Hintergrund der Entwicklung des gesellschaftlichen Wertegefüges ist davon auszugehen, dass in der Arbeitswelt die klassische Karriereorientierung bezüglich Aufstieg, Status und hohem Einkommen an Attraktivität verliert und eine als sinnvoll empfundene Selbstentfaltung im Arbeitsalltag und die Work-Life-Balance im Rahmen der Vereinbarkeit von Familie und Beruf eine immer größere Bedeutung gewinnen wird. Die Auswirkungen einer solchen Entwicklung werden Führungskräfte und Mitarbeiter gleichermaßen betreffen.
- Die bereits spürbaren Folgen der demografischen Entwicklung werden Führungskräfte im Zusammenhang mit der Personalführung vor neue Herausforderungen stellen, die auch neue Denkansätze für die Gestaltung des Führungsprozesses erfordern.
  Vor diesem Hintergrund rücken die Qualifizierung, Motivation und Gesunderhaltung von älteren Mitarbeitern, die gezielte Personalgewinnung und -qualifikation sowie die Vereinbarkeit von Familie und Beruf immer mehr in den Mittelpunkt des Führungshandelns.
- In Folge der aufgezeigten Entwicklungstendenzen wird die Bedeutung der Kooperation und Partizipation im dienstlichen Alltag bei der Gestaltung des Führungsprozesses zunehmen, wodurch Führungskräfte mehr der Rolle eines Personalentwicklers einnehmen werden, der die Leistungspotenziale seiner Mitarbeiter erkennt und fördert, Aufgaben mit der Zielrichtung der Per-

sönlichkeitsentwicklung delegiert und die Grundlagen einer vertrauensvollen Zusammenarbeit mit den Mitarbeitern durch eine strukturierte Kommunikationskultur schafft.

Die dargestellten möglichen Entwicklungstendenzen vor dem Hintergrund der geschilderten Veränderungsprozesse und die sich daraus ergebenden Folgen für die Gestaltung des Führungsprozesses können durch Führungskräfte nur durch ein breites Grundlagenwissen im Führungsbereich erfolgreich bewältigt werden. Jedoch muss hierbei beachtet werden, dass auf neue Herausforderungen möglicherweise mit neuen Denkansätzen im Führungshandeln reagiert werden muss.
Aus diesem Grund ist es erforderlich, dass Führungskräfte in der Lage sind, neue Problemstellungen im Führungsalltag mit dem aktualisierten und erweiterten Grundlagenwissen und der eigenen Führungserfahrung abzugleichen und auf die künftigen Führungsherausforderungen neue Antworten geben zu können.

Weiterhin wird deutlich, dass durch die zunehmende Bedeutung der Kooperation und Partizipation in der Führung und Zusammenarbeit explizit die Grundlagen der Kooperativen Führung angesprochen werden. Die Beachtung des partizipativen und prosozialen Aspektes der Kooperativen Führung bei der Gestaltung des Führungsprozesses wird an Bedeutung gewinnen, wobei sich die Frage stellen wird, ob die bisherigen, vielleicht auch bewährten Führungsoptionen für die Bewältigung der neuen Führungsanforderungen ausreichen werden. Die Gestaltung einer positiven Fehlerkultur ist nach Meinung des Verfassers beispielsweise unbedingt in das aktualisierte und erweiterte Grundlagenwissen für Führungskräfte aufzunehmen.

Entscheidungswissen

Im Rahmen des Führungsprozesses spielt der Entscheidungsprozess mit seinen Führungsfunktionen Zielbildung, Planung und Entscheidung eine zentrale Rolle, um den Führungsalltag letztendlich erfolgreich gestalten zu können.
Vor dem Hintergrund der Führungsneigung, die neben dem Willen zur Übernahme von Verantwortung, zum Konfliktmanagement, zur Problemlösung und zur Repräsentationsbereitschaft auch den Wil-

len beinhaltet, Entscheidungen zu treffen, erwarten die Organisationsangehörigen von einer Führungskraft, dass sie im Rahmen des Problem- und Konfliktmanagements zeitnahe Entscheidungen treffen kann.

Im Bereich der Führungseignung können die in der Aus- und Fortbildung vermittelten Kenntnisse in der Führungs- und Einsatzlehre hinsichtlich der Gestaltung des Führungsprozesses und des Planungs- und Entscheidungsprozesses (PEP) in Verbindung mit den individuellen Führungs- und Einsatzerfahrungen zur Festigung und zur Weiterentwicklung der Entscheidungskompetenz beitragen.
Es stellt sich jedoch die Frage, ob die grundsätzliche Komplexität des Führungsalltages und die dargestellten zukünftigen Herausforderungen im Führungsbereich mit den bisherigen Entscheidungsinstrumentarien erfolgreich bewältigt werden können.

Die Entscheidungsfindung wird grundsätzlich von den folgenden Einflussfaktoren geprägt:

- Zielbildung
- Informationsgewinnung
- Entwicklung von Alternativen zur Zielerreichung
- Bewertung möglicher Alternativen

Diese Einflussfaktoren stehen in einer ständigen Wechselwirkung zueinander, deren Komplexität und die sich daraus ergebenden Anforderungen im Entscheidungsprozess berücksichtigt werden müssen. Die theoretischen Grundlagen zur Vermittlung der erforderlichen Entscheidungskompetenz können nachhaltig in der modellhaften Darstellung des Führungsprozesses vermittelt werden, jedoch muss die Verknüpfung mit dem systemischen Denken erfolgen, um beim Auftreten neuer Problemstellungen in der Entscheidungssituation als Führungskraft bestehen zu können.

Bei der Betrachtung der Komplexität des Führungsalltages wurde bereits auf die Notwendigkeit des Denkens im System hingewiesen, welches folgende Grundsätze beinhaltet:

- Verpflichtung zum sinnorientierten Handeln
- Beachtung von Wirkungsketten
- Beachtung von Führungsstrukturen

Ein gutes Entscheidungsvermögen von Führungskräften zeichnet sich dadurch aus, dass diese in der Lage sind, den Entscheidungsprozess strukturell organisieren und durchführen zu können, wobei sie die Wirkungen der Entscheidung im Rahmen des Systemansatzes bedenken müssen.

Nach *Maxwell* müssen Führungskräfte gerade in Entscheidungssituationen mehr, weiter und die wichtigen Dinge eher als andere sehen. Mit dieser Aussage kann direkt ein Bezug zur Kooperativen Führung hergestellt werden, da bei Entscheidungen von Führungskräften immer die Auswirkungen auf die Aufgabenerfüllung, den Organisationszusammenhalt und die humanen Arbeits- und Sozialbeziehungen bedacht werden müssen. Bei diesen Überlegungen ist grundsätzlich auch die Gleichrangigkeit dieser Zielfelder zu berücksichtigen.

Reflexionsfähigkeit

Im Rahmen der Führungseignung und der sozialen Kompetenz von Führungskräften spielt die Fähigkeit zur Selbstbeobachtung und zur Selbstkritik eine wichtige Rolle. Diese Erkenntnis gilt sowohl für den personalen als auch sachlichen Aspekt der Führung.

Wenn Probleme im Führungsalltag auftreten, neigen Führungskräfte oft dazu, die Ursachen bei den Mitarbeitern oder negativen Einflussfaktoren auf den Führungsprozess zu suchen. In einer solchen Situation erscheint es für Vorgesetzte ratsam, auch ihr eigenes Führungsverhalten auf den Prüfstand zu stellen.
Im Falle einer erfolgreichen Gestaltung des Führungsprozesses ist darüber hinaus schon die Überlegung anzustellen, ob dieses Führungsverhalten auch zur Bewältigung neuer Herausforderungen im Führungsalltag geeignet sein kann. Letztendlich ist der Führungserfolg nicht messbar an dem, was in einer augenblicklichen Führungssituation geleistet wird, sondern was in der langfristigen Wirkung ein erfolgreiches Führungshandeln gewährleistet.

Im Bereich der indirekten Führung wurde bereits auf die grundlegende Bedeutung der vertrauensvollen Kommunikationskultur hingewiesen, die das Fundament einer kooperativen Zusammenarbeit bildet. Entstehen in diesem Bereich Konflikte, so kann das auf verschieden Konfliktursachen beruhen. Wie bereits ausgeführt, sollte sich die Blickrichtung von Führungskräften bei der Suche nach den Konfliktursachen nicht ausschließlich auf das Verhalten von Mitarbeitern oder Fehlerquellen im Führungsprozess richten, sondern auch im Rahmen der Selbstreflexion kritisch das eigene Führungsverhalten hinterfragt werden.

Hierbei könnten folgende Punkte angeführt werden:

- Stimmt das Rollenverständnis der Führungskraft mit den Rollenerwartungen der Mitarbeiterschaft an einen Vorgesetzten überein?
- Führen Fehler im eigenen Führungsverhalten zu Störungen und Konflikten im Vertrauens- und Kommunikationsverhältnis zwischen den Organisationsangehörigen?
- Gelingt die Gestaltung des Führungsprozesses unter den Aspekten der Kooperation und Partizipation?

Im Rahmen der Aus- und Fortbildung kann die Fähigkeit zur Selbstreflexion in diesen Führungsfeldern sicherlich gefördert werden, jedoch bleiben Führungskräfte vor dem Hintergrund der eigenen Führungserfahrungen aufgefordert, das notwendige Gespür und Fingerspitzengefühl zu entwickeln, die eigenen Fehler im Führungsverhalten zu erkennen und in der Folge diese abzustellen.
Wenn dies nicht gelingen sollte und dieses negative Führungsverhalten zur Demotivation der Mitarbeiter führt, werden die Ziele der Kooperativen Führung und damit die erfolgreiche Gestaltung des Führungsalltages nicht mehr erreicht werden.

Im Bereich der sachlichen Dimension von Führung ist zu beachten, dass selbst beim Vorliegen einer tragfähigen Organisations-, Kommunikations- und Vertrauenskultur bei der Gestaltung des Führungsprozesses Probleme auftreten können. Aufgrund der bereits beschriebenen dynamischen Veränderungsprozesse kann man als Führungskraft nicht selbstverständlich davon ausgehen, dass bewährte Führungsoptionen oder Verhaltensweisen auch in neuen Führungsherausforderungen den gewünschten Erfolg erbringen.
Als Beispiel könnte der Umgang mit Fehlern herangezogen werden, wenn der bisherige Schwerpunkt im Rahmen der Fehlerkultur nur im Bereich der Fehlervermeidung lag. Im Falle der möglichen Auswir-

kungen von Veränderungsprozessen kann es notwendig werden, dass mit mehr Risiko andere Lösungsoptionen für die neuen Problemstellungen erarbeitet werden müssen.
In einem Umfeld der strikten Fehlervermeidung wird es nicht gelingen, Mitarbeiter zu einem innovativen Lösungsverhalten zu bewegen, da sie im Falle des Scheiterns negative Sanktionen befürchten müssen.

Im Rahmen der Selbstreflexion sind Führungskräfte in einer solchen Situation aufgefordert, bei der Gestaltung des Führungsprozesses die Vorteile einer positiven Fehlerkultur zu erkennen und ihr eigenes Führungsverhalten danach auszurichten.
Wenn man das Eingangszitat von Konfuzius als Grundsatz für die Reflexionsfähigkeit von Führungskräften annehmen will, wonach man den Weg der Selbstbeobachtung langsam beschreiten kann, solange man nicht stehen bleibt, kann man die Aussage des ehemaligen britischen Premierminister Benjamin Disraeli als Ermutigung für Führungskräfte verstehen, diesen Weg in der Ausgestaltung des eigenen Führungsverhalten nie zu verlassen:

„Die Selbsterkenntnis ist der erste Schritt zur Weisheit!“

Weiterentwicklung der Führungskraft

In der zusammenfassenden Betrachtung der Beschreibung des Handwerkswissens, des erweiterten Grundlagenwissens, des Entscheidungswissens und der Reflexionsfähigkeit von Führungskräften wird deutlich, dass die Vermittlung der Grundsätze der Kooperativen Führung auf Grundlage von wissenschaftlichen und führungstheoretischen Erkenntnissen einen bedeutenden Beitrag zur Entwicklung der Führungskompetenz von Führungskräften leisten kann.

Gleichwohl sind dabei ebenfalls die Bedeutung der eigenen Führungserfahrungen und die Fähigkeit zur Selbstreflexion hinsichtlich der Weiterentwicklung der Führungskompetenz zu berücksichtigen. Grundsätzlich lässt sich feststellen, dass alle beschriebenen Möglichkeiten der Vermittlung von Grundlagen der Kooperativen Führung zu der Erkenntnis führen, dass diese zu einer ständigen persönlichen und fachlichen Weiterentwicklung von Führungskräften beitragen.

Die Notwendigkeit einer solchen Grundausrichtung hinsichtlich der Anforderungen an die Führungskompetenz von Führungskräften lässt sich einprägsam mit der folgenden Aussage darstellen:

„Wer glaubt etwas zu sein, hat aufgehört etwas zu werden!“
(Sokrates, griech. Philosoph, 469-399 v. Chr.)

Daraus lässt sich ableiten, dass sowohl in der Aus- und Fortbildung von Führungskräften als auch in der eigenverantwortlichen Fortbildung das Verständnis dafür gefördert werden muss, dass es im kooperativen Führungsdenken keinen Stillstand geben darf, da eine Stagnation einen Rückschritt für die Führungskompetenz bedeuten würde.
Gerade vor dem Hintergrund von gesellschaftlichen und politischen Veränderungsprozessen mit den sich daraus ergebenden Folgen für den Organisations- und Führungsalltag, müssen Führungskräfte für neue Erfahrungen, Erkenntnisse und Informationen offen sein. Hieraus sollten im Rahmen der Selbstreflexion die richtungsweisenden Schlussfolgerungen für die Ausrichtung des eigenen Führungsverhaltens in der personalen und sachlichen Dimension der Führung gezogen werden.

Um dieses Ziel zu erreichen, ist es notwendig, dass Führungskräfte in der Lage sind, das eigene Handwerkswissen und das erweiterte Grundlagenwissen eigeninitiativ ständig zu aktualisieren und weiterzuentwickeln. Sollte sich aufgrund neuer Entwicklungstendenzen im Führungsbereich ein konkreter Handlungsbedarf hinsichtlich der Modifizierung von Führungsprozessen ergeben, müssen sich Führungskräfte in die neuen Themengebiete einarbeiten und dabei unterschiedliche Wissensbestände synthetisieren können.
Aus Sicht der Grundsätze des kooperativen Führungshandelns ist bei dieser persönlichen und fachlichen Weiterentwicklung von Führungskräften darauf zu achten, dass das Wesen der Kooperativen Führung in seiner Bedeutung für eine erfolgreiche Gestaltung des Führungsalltages stets seinen elementaren Stellenwert behält.

6.2 Weiterentwicklung der Kooperativen Führung

Bei den Überlegungen der Vermittlung von Grundsätzen der Kooperativen Führung stand die Rolle der Führungskraft im Vordergrund, da sie auf Grundlage des Handwerkswissen, des erweiterten Grundlagenwissens und der Kenntnisse über den Führungs- und Entscheidungsprozess im kooperativen Sinne ihren Führungsalltag gestalten soll. Im Rahmen der Selbstreflexion über Führungsgrundlagen und des eigenen Führungsverhaltens wird die Hoffnung verbunden, dass die Führungskompetenz von Vorgesetzten weiterentwickelt werden kann.

Am Beispiel des Kooperativen Führungssystems soll nun aufgezeigt werden, wie bewährte Führungsinstrumente aufgrund von Veränderungstendenzen im Führungsbereich aktualisiert und modifiziert werden können. Bei diesen Betrachtungen sind alle polizeilichen Führungskräfte aufgefordert, im Sinne einer konstruktiv-kritischen Bewertung die eigenen Erkenntnisse im Rahmen der eigenen fachlichen und persönlichen Weiterentwicklung in die Gestaltung des von ihnen zu steuernden Führungsprozesses mit einzubeziehen.

Nach Meinung des Verfassers entfalten solche Überlegungen auch für Führungskräfte in anderen Bereichen der öffentlichen Verwaltung eine positive Wirkung, wobei dann natürlich die spezifischen Bedingungen des jeweiligen Führungsbereiches berücksichtigt werden müssen.

Der von *Barthel/Heidemann* konzipierte Vorschlag zur zeitgemäßen Neuformulierung des Kooperativen Führungssystems (KFS) spiegelt die Notwendigkeit wider, auch bewährte Führungsinstrumente aufgrund zeitlicher Abläufe und Organisationsveränderungen vor dem Hintergrund dynamischer Veränderungsprozesse mit dem Ziele einer inhaltlichen Weiterentwicklung auf den Prüfstand zu stellen.

Als *Altmann/Berndt* das KFS konzipierten, ging es im Wesentlichen darum, den autoritären Führungsstil in der Polizei zu überwinden, der dem Grundgedanken der Kooperativen Führung hinsichtlich der Kooperation und Partizipation diametral entgegen stand. Der autoritäre Führungsstil war aufgrund der gesellschaftlichen Verände-

rungen, die in der Studentenrevolte von 1968 ihren Ursprung hatten, nicht mehr legitimationsfähig. Aus diesem Grund wurde 1974 durch die ständige Konferenz der Innenminister und -senatoren (IMK) beschlossen, das KFS als verbindliche Polizeiführungsvorschrift in die PDV 100 aufzunehmen.
Der entsprechende Passus in der PDV 100 (Nr. 1.5.3.1) wurde bereits bei der Definition von Führung erwähnt, soll aber aus Gründen der besseren Nachvollziehbarkeit hier nochmals dargestellt werden:

„Führung dient dem gemeinsamen Erreichen von Zielen. Durch kooperatives Führen sollen Leistung, Arbeitszufriedenheit und Motivation erreicht werden.
Das Kooperative Führungssystem (KFS) mit seinen Elementen Delegation, Beteiligung, Transparenz, Repräsentation, Kontrolle und Leistungsfeststellung und -bewertung ist eine verbindliche Führungskonzeption, in der sich aufgaben- und mitarbeiterbezogenes Führungsverhalten ergänzen."

Nach über 40 Jahren, die seit Einführung des KFS vergangen sind, steht die Frage im Raume, ob die damaligen Grundannahmen, die zur Implementierung des KFS geführt haben, auch in der heutigen Zeit ihre Berechtigung haben:

- Ist eine Organisation bzw. Behörde im Sinne des „Harzburger Modells" als ein rationaler Apparat anzusehen?
- Garantiert die Anwendung der sechs Elemente des KFS den Führungserfolg?
- Bezieht sich die Führungsaufgabe ausschließlich auf die Mitarbeiterführung?

Diesen Grundannahmen können aufgrund verschiedener Veränderungsprozesse in den letzten vierzig Jahren folgende Argumente entgegen gehalten werden:

- Die Organisations- und Führungswirklichkeit ist komplexer geworden.
- In der gesellschaftlichen Entwicklung haben das Prinzip der Kooperation und der Partizipation einen immer größeren Stellenwert eingenommen.

- Die Erwartungshaltungen der Mitarbeiter an Führungskräfte haben sich grundlegend gewandelt.

In der nun folgenden kurzen Betrachtung der einzelnen Elemente des KFS soll veranschaulicht werden, wie sich deren Bedeutung im zeitlichen Verlauf und aufgrund von gesellschaftlichen Entwicklungsprozessen verändert haben.

Transparenz

Im Rahmen der Transparenz soll in allen Phasen des Führungsprozesses sichergestellt werden, dass Mitarbeiter das notwendige Verständnis für die getroffenen Führungsentscheidungen hinsichtlich der gemeinsamen Aufgabenerfüllung entwickeln können.
Aufgrund der rasanten Entwicklung im Bereich der Informationstechnologie und einer zunehmenden Informationsüberflutung, verlagert sich das Tätigkeitsfeld von Führungskräften in diesem Bereich immer mehr in Richtung der zielgerichteten Informationsselektion und -weitergabe.

Beteiligung der Mitarbeiter am Führungsprozess

Der Grundgedanke der Beteiligung zielte darauf ab, dass durch die Partizipation der Mitarbeiter in der Entscheidungs- und Durchführungsplanung die Qualität der Aufgabenerfüllung und die Motivation der Mitarbeiter gesteigert wird.
Da Mitarbeiter zunehmend bei der Aufgabendurchführung die Sinnfrage stellen und im vorgegebenen Rahmen eine eigenverantwortliche Handlungsfreiheit anstreben, ergeben sich für die Führungskraft hinsichtlich der professionellen Gestaltung der Führungs- und Kommunikationskultur neue Herausforderungen im Bereich der Führungskompetenz.

Repräsentation des eigenen Dienstbereiches

Das KFS-Element der Repräsentation beinhaltet sowohl eine innere als auch eine äußere Ausrichtung. Bei der Repräsentation nach innen sollen Entscheidungen übergeordneter Führungsebenen oder

eigene Entscheidungen der Führungskraft loyal und glaubhaft gegenüber den Mitarbeitern vertreten werden.
Im Rahmen der Repräsentation nach außen sollen die berechtigten Interessen des eigenen Dienstbereiches und der Mitarbeiter gegenüber übergeordneten Führungsebenen, Führungskräften in der lateralen Führungsebene und der Öffentlichkeit (z.B. Bürger, Justiz, andere Behörden usw.) vertreten werden.
Aufgrund der geschilderten Veränderungsprozesse in der Organisationswirklichkeit stellt sich diese Aufgebe als eine zunehmend komplexere Herausforderung dar, der nur mit einem erweiterten Grundlagenwissen und der damit im Zusammenhang stehenden Selbstreflexion der Führungskraft professionell begegnet werden kann.

Delegation

Durch die im Rahmen der Delegation stattfindende Übertragung von Aufgaben, Kompetenzen und der sich daraus ergebenden Handlungsverantwortung, soll die Führungskraft entlastet werden und gleichzeitig dem Mitarbeiter die Möglichkeit eröffnet werden, eigenverantwortlich im delegierten Bereich zu agieren.
Aus heutiger Sicht stellt die Delegation keinen Garant für ein konflikt- und fehlerfreies dienstliches Umfeld dar, da im Grundsatz von *Altmann/Berndt* davon ausgegangen wurde, dass alle Mitarbeiter über die gleiche Leistungsbereitschaft und -fähigkeit verfügen. Diese Grundannahme stimmt mit der heutigen komplexen Organisationswirklichkeit nicht überein.

Kontrolle

Bei der zielorientierten Kontrolle sollen unter der Berücksichtigung der maßgeblichen Kontrollgrundsätze (z.B. rechtzeitige Bekanntgabe des Kontrollmaßstabes, Kontrollergebnisse sind unverzüglich bekanntzugeben und zu besprechen usw.) in einer sachlichen und aufgabenbezogenen Korrektur die erkannten Defizite und Fehler abgestellt werden.
Wie bereits ausführlich dargestellt sollte die zielorientierte Kontrolle vor dem Hintergrund einer positiven Fehlerkultur erfolgen, wobei die Suche nach den Fehlerursachen und nicht die nach den Fehlerverursachern im Vordergrund stehen sollte. Nach Meinung des Ver-

fassers wäre diese Grundannahme hinsichtlich einer positiven Fehlerkultur im Bereich der Organisationswirklichkeit von Polizeibehörden noch viel stärker mit Leben zu erfüllen.

Leistungsfeststellung und objektivierte Leistungsbewertung

Durch die Feststellung der erbrachten dienstlichen Leistung im qualitativen und quantitativen Bereich sollen Führungskräfte einen Überblick über die Stärken und Schwächen ihrer Mitarbeiter erlangen. Dabei sollen sowohl durch Förderung der dienstlichen Stärken des Mitarbeiters als auch durch das Beheben der festgestellten Defizite die persönliche Weiterentwicklung der Mitarbeiter und die Gewährleistung einer optimalen Aufgabenerfüllung durch ein adressaten- und situationsangepasstes Führungsverhalten erreicht werden.
Bei der objektivierten Leistungsbewertung ist zu beachten, dass vor dem Hintergrund von Wahrnehmungstäuschungen, Wahrnehmungsfehlern, Beurteilungsverzerrungen und sonstigen Beurteilungsfehlern die Wahrscheinlichkeit von Konflikten sehr hoch ist, die sich in der Folge negativ auf die kooperative Zusammenarbeit zwischen Vorgesetzten und Mitarbeitern auswirkt.

Die von *Altmann/Berndt* erhoffte positive Wirkung durch die formale Anwendung der Leistungsfeststellung und -bewertung erfüllt sich nicht in der schemahaften Anwendung, sondern muss durch Führungskräfte besonders im Bereich des Beurteilungswesens durch ein auf einer ausgeprägten Vertrauensbasis beruhendes kooperatives Führungsverhalten glaubhaft mit Leben erfüllt werden. Aus den eigenen Erfahrungen des Verfassers als Beurteiler und Beurteilter kann man folgendes Führungsprinzip ableiten:

„Zeige mir, wie Du beurteilst, und ich sage Dir, wie Du führst!“

Durch diese kurze Darstellung der einzelnen Elemente des KFS wird deutlich, dass die formale Anwendung der KFS-Elemente aufgrund der seit 1974 erfolgten Veränderungsprozessen in der heutigen Organisationswirklichkeit, keinen Führungserfolg garantieren kann. Diese Erkenntnis ergibt sich aus den Veränderungen im Organisationsverständnis, in der Rollenerwartung an und dem Rollenverständnis von Führungskräften.

Aufgrund dieser Entwicklungen im Führungsbereich haben *Barthel/ Heidemann* einen Vorschlag zur zeitgemäßen Neuformulierung des Kooperativen Führungssystems (KFS) entwickelt, der das in die Jahre gekommene Kooperative Führungssystem an den folgenden vier Handlungsfeldern ausrichtet:

- Organisation
- Ausrichtung
- Kommunikation
- Personal

Im Bereich der **Organisation** ist vor dem Hintergrund dynamischer Veränderungsprozesse stärker darauf zu achten, dass Führungskräfte in die Lage versetzt werden, die Alltags- und Arbeitsorganisation in ihrem Verantwortungsbereich im Rahmen von Organisationsentwicklungsprozessen zu erfassen und zu gestalten. Vor dem Hintergrund einer professionellen Organisationsentwicklung ist durch das Führungshandeln die gesamte Bandbreite der Zielfelder der Kooperativen Führung von der optimalen Aufgabenerfüllung über die Gewährleistung des Organisationszusammenhaltes bis hin zur Schaffung humaner Arbeits- und Sozialbeziehungen abzudecken.

Bei der Gestaltung der Organisations- und Führungskultur sollte in diesem Zusammenhang auf die bewährten KFS-Elemente Transparenz, Beteiligung und zielorientierte Kontrolle vermehrt im Sinne einer verstärkten Selbstkontrolle und einer unterstützenden Fehlerkultur zurückgegriffen werden.

Das Handlungsfeld der **Ausrichtung** beschreibt die Notwendigkeit, dass sich die Strategie und die Zielbildung einer Organisation nicht einseitig an einer inneren oder äußeren Erwartungshaltung, die an eine verantwortliche Führungskraft der Organisation herangetragen wird, ausrichten sollen.
Jenseits von dienstlichen Erwartungshaltungen höherer Führungsebenen, Zielvorgaben oder detaillierten Handlungsanweisungen zur strategischen Zielentwicklung aufgrund bestimmter Managementkonzepte sind Führungskräfte aufgefordert, eine eigene Vorstellung über die strategische Entwicklungsrichtung ihres Verantwortungsbereiches zu konzipieren.
Die Entwicklung einer solchen strategischen Ausrichtung im eigenen Verantwortungsbereich setzt voraus, dass Führungskräfte in der Lage

sind, die bestimmenden Einflussfaktoren auf ihren Führungsprozess und mögliche sich daraus ergebende Probleme zu erkennen.
Auf Grundlage dieses Erkenntnisprozesses sind Mitarbeiter vor dem Hintergrund der KFS-Elemente Transparenz und Beteiligung zielgerichtet in einen systematischen Kommunikationsprozess einzubinden, um die Akzeptanz der strategischen Ausrichtung im Rahmen der Organisationskultur und die sich daraus ergebende Zielerfüllung zu gewährleisten.

Im Bereich der **Kommunikation** besteht nach Meinung von *Barthel/Heidemann* die Notwendigkeit, die vielfach in der Organisationswirklichkeit anzutreffende Top-Down-Kommunikation durch eine von den Grundprinzipien der Kooperation und Partizipation geprägte integrierte Kommunikationsarchitektur zu ersetzen.
In einer solchen Kommunikationskultur ist durch eine für alle Organisationsangehörigen nachzuvollziehende Gestaltung der Kommunikationswege und -regeln der beidseitige Informationsfluss über Organisations- und Führungsebenen hinweg sowohl in der vertikalen als auch lateralen Dimension zu gewährleisten. Die konkreten Grundlagen für die Gestaltung einer integrierten Kommunikationsarchitektur wurden bereits bei den Betrachtungen zur Organisationskommunikation ausführlich dargestellt.
Durch die zielgerichtete Anwendung der KFS-Elemente Transparenz und Beteiligung wird die Gestaltung einer integrierten Kommunikationsarchitektur einen grundlegenden Beitrag zur Entwicklung einer professionellen Organisations-, Vertrauens- und Fehlerkultur leisten können.

Das Handlungsfeld **Personal** ergibt sich aus zwei Aspekten, nämlich der Notwendigkeit einer zielorientierten Personalentwicklung und der Gestaltung der kooperativen Zusammenarbeit zwischen Vorgesetzten und Mitarbeitern.
Über die Grundgedanken der Leistungsfeststellung und Leistungsbewertung vor dem Hintergrund des KFS hinaus, sollten Führungskräfte in der Lage sein, in der Funktion eines Personalentwicklers das organisationsspezifische Personalmanagement bzw. die Personalentwicklung im eigenen Führungsbereich eigenverantwortlich zu gestalten. Dies kann jedoch nur gelingen, wenn durch eine ausgeprägte Vertrauens- und Kommunikationsbasis Führungskräfte die Leistungsbereitschaft und Leistungsfähigkeit so einschätzen können, dass darauf aufbauend sowohl das mitarbeiterbezogene als

auch das aufgabenbezogene Führungsverhalten hinsichtlich einer professionellen Personalführung gestaltet werden kann.

In der zusammenfassenden Betrachtung bleibt festzustellen, dass die Notwendigkeit besteht, das Kooperative Führungssystem einer zeitgemäßen Neuausrichtung zu unterziehen.
Dies bedeutet jedoch nicht, dass alle Grundannahmen des KFS neu konzipiert werden müssen, weil die Grundgedanken der Kooperativen Führung weiterhin ihre Gültigkeit behalten.
Das Kooperative Führungssystem sollte weiter als rationaler Gestaltungprozess im Bereich der Führung verstanden werden, mit dem den Grundgedanken und dem Wesen der Kooperativen Führung nachhaltig entsprochen werden kann. Gleichwohl erscheint es erforderlich, im Bereich der Führungsinstrumente darüber nachzudenken, wie diese in einer veränderten Organisationswirklichkeit zielführend in den von *Barthel/Heidemann* beschrieben Handlungsfeldern eingesetzt werden können.
Eine schematische Anwendung der KFS-Elemente in den beschriebenen Handlungsfeldern erscheint wenig sinnvoll. Vielmehr sollten die Elemente des bisherigen Kooperativen Führungssystems als eine Auswahl von denkbaren Führungsoptionen verstanden werden, die durch Führungskräfte adressaten- und situationsgerecht in den jeweiligen Handlungsfeldern im Bereich der Kooperativen Führung zielorientiert angewandt werden sollten.

Neben der konzeptionellen Betrachtung hinsichtlich einer Neuformulierung des KFS, die der heutigen Organisationswirklichkeit besser entspricht, soll in diesem Zusammenhang aber auch darauf hingewiesen werden, dass jede Führungskraft dazu verpflichtet ist, für die Gestaltung des Führungsalltages die notwendigen eigenen Überlegungen anzustellen.
Um dieser Anforderung gerecht werden zu können, ist das Handwerkswissen und das erweiterte Grundlagenwissen vor dem Hintergrund der Selbstreflexion über die eigene Führungskompetenz einem ständigen Aktualisierungs- und Weiterentwicklungsprozess zu unterziehen.
Gleichzeitig ist darauf zu achten, dass die Bedeutung der Kerngedanken der Kooperativen Führung im Bereich der Kooperation und Partizipation auch unter geänderten Organisationsbedingungen in der Gestaltung des Führungsprozesses stets berücksichtigt werden.

7 Schlussbetrachtungen

„Auf die Absicht der Dinge,
nicht auf den Erfolg blickt der Weise!“
(Seneca, römischer Philosoph)

Wenn man dieses Zitat von Seneca mit der Frage nach dem Wesen der Kooperativen Führung in Verbindung setzt, wird gleichzeitig die Grundintention dieses Buches ersichtlich. Die gedankliche und konzeptionelle Grundausrichtung der Kooperativen Führung sollte für Führungskräfte, die mit voller Überzeugung im Sinne der Kooperativen Führung den Führungsalltag gestalten wollen, die Absicht darstellen, auf deren Grundlage sie den Führungserfolg gewährleisten wollen.

Es wurde versucht, aufzuzeigen, wie das Wesen der Kooperativen Führung helfen kann, im Umgang mit der Komplexität des Führungsalltages, mit dem Umgang von Rollenerwartungen an Führungskräfte, bei der Gestaltung der Organisationskultur, bei der Entwicklung von Grundprinzipien für eine kooperative Zusammenarbeit und für eine professionelle Weiterentwicklung der Führungskompetenz erfolgsversprechende Wege beschreiten zu können.

Zu Beginn aller Überlegungen sollte sich jede Führungskraft über die Absicht der Kooperativen Führung klar werden und diese mit den eigenen Vorstellungen hinsichtlich der Gestaltung des Führungsprozesses in Übereinstimmung bringen. Als Orientierung für die grundsätzliche Ausrichtung des kooperativen Führungshandelns sollten auf jeden Fall die Ziele der Kooperativen Führung beachtet werden:

- Optimale Erfüllung der gesetzlichen Ausgaben
- Gewährleistung des Organisationszusammenhaltes
- Gestaltung humaner Arbeits- und Sozialbeziehungen

Neben der zu empfehlenden grundsätzlichen Ausrichtung an diesen Zielen, sollte im alltäglichen Führungshandeln das Wesen der Kooperativen Führung im Rahmen der Kooperation und Partizipation in den folgenden Handlungsdimensionen umgesetzt werden:

- Ziel-/Leistungsaspekt
- Organisationsaspekt
- Partizipationsaspekt
- Prosozialer Aspekt

Diese grundsätzliche Ausrichtung an den Kerngedanken der Kooperativen Führung gilt sowohl für den Bereich der strukturell-systemischen Führung vor dem Hintergrund einer Organisationskultur als auch für die personal-interaktive Führung vor dem Hintergrund der ständigen Interaktion zwischen Führungskräften und Mitarbeitern in der täglichen Zusammenarbeit.

In diesem Zusammenhang ist zu beachten, dass dem Wesen der Kooperativen Führung von allen Organisationsangehörigen nur entsprochen werden kann, wenn die kooperative Zusammenarbeit durch eine vertrauensvolle Organisations-, Führungs- und Kommunikationskultur geprägt wird. Besonders Führungskräfte sind in diesem Spannungsfeld aufgefordert, die verschiedenen Rollenerwartungen mit ihrem eigenen Rollenverständnis in Übereinstimmung zu bringen, sodass unter den Vorgaben der Grundprinzipien der Kooperativen Führung eine erfolgreiche Gestaltung des Führungsprozesses gelingen kann.

Bei der Betrachtung der Umsetzung und Weiterentwicklung des kooperativen Denkens ist deutlich geworden, dass eine schematische Anwendung von Führungssystemen nicht den erwünschten Führungserfolg garantieren kann. Diese Feststellung lässt sich mit der Tatsache begründen, dass Führungsmodelle immer im zeitlichen Kontext zu betrachten sind und immer die individuelle Leistungsbereitschaft und -fähigkeit von allen Organisationsangehörigen eine angemessene Berücksichtigung finden müssen. Dies wurde an der von *Barthel/Heidemann* konzipierten Neuformulierung des Kooperativen Führungssystems ausführlich dargestellt.

Im Bereich der Vermittlung von Führungsgrundlagen hinsichtlich des notwendigen Handwerkswissens und des erweiterten Grundlagenwissens konnte verdeutlicht werden, dass die Wissensvermitt-

lung in der Aus- und Fortbildung von Führungskräften alleine nicht ausreicht, den Führungserfolg zu gewährleisten.
Auf Grundlage dieser ohne Zweifel elementaren Wissensbasis muss jede Führungskraft in der Lage sein, im Rahmen der Selbstreflexion über das bekannte Führungswissen und den eigenen Führungserfahrungen auf mögliche Veränderungsprozesse und sich daraus ergebende neue Führungsherausforderungen sachgerecht reagieren können.

Daraus lässt sich ableiten, dass sich Führungskräfte im Bereich des Führungswissens in einem ständigen Lern- und Weiterbildungsprozess befinden, der eigeninitiativ zur Erweiterung der Führungskompetenz angenommen werden muss. Wenn Führungskräfte bereit sind, diesen Weg zu beschreiten, werden sie sowohl konzeptionell als auch im Rahmen ihrer Führungskompetenz in der Lage sein, auch auf neue Führungsherausforderungen zum Wohle der Mitarbeiter, aber auch der Organisation professionell zu reagieren und zielführende Entscheidungen treffen zu können.

In diesem Zusammenhang sollte man sich an die Aussage von Galileo Galilei (ital. Universalgelehrter, 1564 -1642) erinnern:

„Man kann Menschen nichts lehren, man kann ihnen nur helfen, es in sich selbst zu entdecken!“

Wenn man diese Aussage auf die Grundfrage dieses Buches überträgt, möchte der Verfasser alle Führungskräfte, die im Sinne der Kooperativen Führung ihr Führungsalltag gestalten wollen, zu folgender Überlegung bewegen:

„Entdecken Sie das Wesen der Kooperativen Führung in sich selbst und gestalten Sie Ihren Führungsalltag in diesem Sinne!“

Stichwortverzeichnis

Kommunal- und Schul-Verlag

Schleiken

Konfliktmanagement

Leben und Wandel gehen stets miteinander einher. Insofern ist der Wandel eine wesentliche Konstante für alles Leben. Gleichsam treffen im Wandel widerstrebende Kräfte aufeinander und gerade dieses Aufeinandertreffen ist wiederum nichts anderes als das, was man gemeinhin als Konflikt bezeichnet.

Der vorliegende Titel geht den Fragen nach Klärungshilfe und Lösungsoptionen für Konflikte im Führungsalltag in Verwaltungen nach: Dargestellt werden systemische Grundlagen und Rahmenfaktoren, Basics und Hintergründiges zu Konflikten sowie Maßnahmen zur Konflikthandhabung; dabei geht der Blick auch hin zu Coaching-, Moderations- und Mediationsprozessen.

Karriere in der Verwaltung
2015
kartoniert
174 Seiten, 29,80 EUR
ISBN 978-3-8293-1118-2
Auch als E-Book erhältlich

Karriere in der Verwaltung
2015
kartoniert,
150 Seiten, 29,80 EUR
ISBN 978-3-8293-1115-1
Auch als E-Book erhältlich

Holz

Stress- und Gesundheitsmanagement als Führungsaufgabe

Die Leistungsfähigkeit und die Gesundheit von Mitarbeitern sind wichtige Faktoren für den Erfolg einer Organisation.

Führungskräfte haben in ihrem Führungsverhalten einen bedeutsamen Einfluss auf die Gesundheit und Leistung ihrer Mitarbeiter. Dabei ist die Leistungsfähigkeit und Gesundheit der Führungskraft selbst eine wichtige Voraussetzung. Das Buch hat zum Ziel, Führungskräften Wissen über den Einfluss gesundheitsfördernder Verhaltensweisen und Maßnahmen zu vermitteln und für die Thematik zu sensibilisieren.

Kommunal- und Schul-Verlag GmbH & Co. KG, Postfach 3629, 65026 Wiesbaden 070616
bestellung@kommunalpraxis.de, www.kommunalpraxis.de
Preisänderungen, -irrtümer und Umfangkorrekturen vorbehalten.

Kommunal- und Schul-Verlag

Kompetente und zuverlässige Fachliteratur!

Borsdorff | Kastner
Modulwissen Rechtliche Grundlagen
Einführung in das Rechtssystem der Bundesrepublik Deutschland und in das öffentliche Dienstrecht
Lübecker Medien Verlag, 2016, kartoniert, 126 Seiten, 19,80 €, ISBN 978-3-8293-1225-7

Rauch
Modulwissen Führungslehre
Hauptstudium I, II und III im modularisierten Studiengang für den gehobenen Polizeivollzugsdienst in der Bundespolizei
Lübecker Medien Verlag, 2015, kartoniert, 406 Seiten, 34,– €, ISBN 978-3-8293-1179-3

Nüßer
Strafprozessrecht für Bundespolizeibeamte
Prüfungsschemata und Kurzerläuterungen zu ausgewählten repressiven Ermittlungsmaßnahmen
Lübecker Medien Verlag, 2015, kartoniert, 242 Seiten, 29,80 €, ISBN 978-3-8293-1177-9

Röger
Das behördliche Disziplinarverfahren nach dem Bundesdisziplinargesetz
Unter besonderer Berücksichtigung der Bundespolizei
Lübecker Medien Verlag, 2016, kartoniert, 248 Seiten, 29,80 €, ISBN 978-3-8293-1235-6

Körner | Mehringer
Landesstraf- und Verordnungsgesetz Bayern
Kommentar, Stand 2016, Loseblattausgabe, 506 Seiten, 59,– €, ISBN 978-3-921385-25-8

Saipa
Niedersächsisches Gesetz über die öffentliche Sicherheit und Ordnung / Niedersächsisches Gesetz über das Halten von Hunden
Kommentar, Stand 2015, Loseblattausgabe, 624 Seiten, 79,– €, ISBN 978-3-86115-351-1

Elzermann
Sächsisches Versammlungsgesetz
Kommentar, 2016, kartoniert, 226 Seiten, 29,– €, ISBN 978-3-8293-1233-2

Rücker
Ordnungsbehördengesetz Thüringen
Kommentar, Stand 2014, Loseblattausgabe, 480 Seiten, 59,– €, ISBN 978-3-86115-506-5

Kommunal- und Schul-Verlag GmbH & Co. KG, Postfach 3629, 65026 Wiesbaden 070616
bestellung@kommunalpraxis.de, www.kommunalpraxis.de
Preisänderungen, -irrtümer und Umfangkorrekturen vorbehalten.